「カウンセリングの神様」
カール・ロジャーズの教えと
〈これからの聴き方〉

傾聴の極意

公認心理師
中越裕史

世界文化社

はじめに　～カウンセリングの神様と、その弟子の弟子が照らす希望～

本書は、**あなたの「傾聴するこころ」を育て、人生を豊かにする**本です。

ごめんなさい。すぐ使える「傾聴のテク」は紹介していません。

傾聴は「人としての在り方」だと、僕は考えているからです。


「オウム返しで相槌を打つといいと聞いたのに、どうもうまくいかない」

「講座や本で学んだことを実践してみたら、不自然な会話になった」

「部下の本音を知りたいけど、建前で話されている気がする」

「質問せずに聴くだけと意識しすぎて、変な沈黙ばかりになる」

そんな方には、ぜひ、本書をご一読いただきたいと思います。


はじめまして。公認心理師の中越裕史です。

僕は日本ではじめての「やりたいこと探し専門の心理カウンセラー」という、ちょっと不思議な看板で活動してきたカウンセラーです。これまでの約20年間で、1万件を超える相談を受けてきました。

本来は「やりたいこと」がわからない人向けのカウンセリングを行っていたのですが、なかには、「カウンセラーになるにはどうしたらいいですか」という相談に来る方もいらっしゃいました。そういう方のため、今は中越カウンセリング講座を運営し、カウンセリングを教えています。

「カウンセラーになりたい」という方々に、僕はまず、神様の話をします。

突然ですが、みなさんは、神様っていると思いますか？

無宗教の人が多い日本でこんな質問をしたら、ぎょっとされるかもしれません。

でも、もし僕たち心理カウンセラーに、**「カウンセリングの神様を知ってる？」**と質問したなら、ほぼ100％の確率で**「そりゃ、知ってるよ。カール・ロジャーズでしょ」**と返ってくるでしょう。むしろ、カウンセリング業界にいる人で、カウンセリングの神様と呼ばれるロジャーズを知らない人を探すほうが、難しいはずです。

なぜならロジャーズは、今や社会で多くの人が身につけたいと考えている**「傾聴」を、世界ではじめてカウンセリングの場で実践した人**だからです。

みなさんの「傾聴するこころ」を育てるための第一歩として、まずはカウンセリングの神様、カール・ロジャーズ（1902-1987）のお話をしたいと思います。

もしカウンセリングの歴史をふたつに分けるなら、ロジャーズ以前とロジャーズ以降になるはずです。それくらい心理学の歴史で、ロジャーズの影響力は大きいといえます。

ロジャーズ以前の時代は、心のケアを行えるのは専門職の人だけでした。心理療法・サイコセラピーと呼ばれ、医師か心理学者にしかできないと考えられていたのです。心のケアは閉ざされたもので、権威や資格を持つ人だけに許された行為でした。客観的、分析的で、患者にとって冷たい印象を与えるものだったのです。

そんな**心のケアを一般の人にも広め、「カウンセリング」という名を最初に使って定着させたのがロジャーズ**です。

だからこそロジャーズは、「カウンセリングの神様」と呼ばれています。

カウンセリングの基本が、「傾聴」です。本書を読むみなさんなら、「傾聴」という言葉を耳にしたことがあるでしょう。**相手の話を深く丁寧に聴いていくことによって、よりよい人間関係を作り、話し相手が自然と問題解決に導かれていく。**ロジャーズが傾聴の考え方を広めたことで、「心のケアはやさしく温かいもの」というイメージを世界中の人々が持つようになりました。

ロジャーズが作り上げた傾聴は、カウンセリングの場を飛び出して、今や医療、福祉、教育、企業、家庭、社会問題と、僕たちの社会の隅々まで広がっています。

最近では「パワハラ」「モラハラ」は許されない問題だと一般に認識されるようになりましたが、それもロジャーズの思想の影響が背景にあります。ロジャーズは、医者と患者、上司と部下、先生と生徒、夫と妻、親と子どもも、**みな対等で、安心・安全な人間関係があるほうがうまくいくことを心理学的に研究し、世界に広めた**のです。

またロジャーズは世界ではじめて自分のカウンセリングを録音し、公表した人でもあります。それまでの心のケアは閉ざされた世界で行われ、ほかの人がどのように相談者と話をしているのか、知ることができなかったのです。ロジャーズが録音を公開したことで、生のカウンセリングのデータが蓄積され、カウンセリングは一気に心理学として深みを増していきました。

今の僕たちにとって当たり前になっているさまざまな考え方を作り上げ、さらにそれを力強い行動力で広めていった人物、それがロジャーズ※です。

悩んでいる人の心に寄り添い、その人の話に静かに耳を傾ける。そうして深い関係性を築いていくことで、人の心は癒やされ、成長して問題を乗り越えていく。

そんな**世界一温かくやさしいカウンセリングを作り上げたロジャーズは「静かなる革命家」とも呼ばれています。**

しかしなぜか日本では、フロイトやユング、『嫌われる勇気』（ダイヤモンド社）で有名になったアドラーに比べて、カウンセリングの神様と呼ばれるロジャーズのことは、一般の人に知られていません。これはとても不思議なことです。

ロジャーズの考え方や傾聴がこれだけ日本でも一般の人に広まったのに、ロジャーズ

※ロジャーズのドキュメンタリー映画はアカデミー賞を受賞（1968年）。世界の紛争解決への活動が評価され、ノーベル平和賞にもノミネートされた（1987年）。

のことをまだまだ知らない人が多いことに、僕は歯がゆく、悔しい気持ちを覚えていました。

それに加えて最近、傾聴が単なるコミュニケーションのテクニックのように扱われていることもあり、「ロジャーズの傾聴はそういうことじゃない」といいたくなることが、よくあります。

僕の恩師である心理学者の畠瀬直子先生は、若いころにロジャーズのもとに留学し、直接ロジャーズ流のカウンセリングを学んでこられました。つまり僕はロジャーズの「弟子の弟子」、孫弟子になるわけです。

傾聴は、決して会話をうまく進めるための単なる心理テクニックではありません。**傾聴は、「人間と人間が、どうすればより深く、温かい関係を築けるか」という、人の関係性の在り方そのものをよくする営み**なのです。

僕が本書を書くことにしたのは、傾聴をこの世界に生み出したロジャーズの生き方や考え方を伝えていくことは、傾聴について知りたい人、心のケアに携わりたいと思う人はもちろんのこと、**人生の悩みを抱えている多くの人にとって力になるはず**だからです。

第1章では、カウンセリングの神様、カール・ロジャーズの伝説のはじまりとなるエピソードから、ロジャーズの基本的な考え方をお伝えします。第2章では、傾聴を体感していただくため、先輩カウンセラーたちの素晴らしいカウンセリングの事例をご紹介します。第3章では、僕自身がたどり着いた、生きる希望を照らすこれからの傾聴、「ホープセラピー」についてお話しします。第4章は、僕たち生命体すべてが持っている「よりよく生きたい」と望む力について深く掘り下げます。第5章では、僕の恩師・畠瀬直子先生の「傾聴」という生き様を見ていただこうと思います。第6章では、僕が心がけている傾聴の姿勢や、カウンセリング実例を解説つきでご紹介します。

すべてを読み終わるころには、あなたの中に話を聴くうえで大切な「傾聴するこころ」が育っていることでしょう。

あなたの中に育った「傾聴するこころ」は、あなたの人間関係をより豊かなものにし、人生にも大きな革命を起こすはずです。

第1章 カウンセリングの神様「カール・ロジャーズ」の革命

第2章
「傾聴するこころ」を育む　カウンセリング5選

第3章
たどり着いた〈これからの傾聴〉 ― ホープセラピー

第4章 生命的叡智の証明

僕たちは必ず希望を宿している

第5章

恩師が見せてくれた傾聴という生き様

第6章
〈実例〉僕はどう傾聴しているのか

第1章

カウンセリングの神様「カール・ロジャーズ」の革命

伝説のはじまりとなった「母親と少年」

ロジャーズは、カウンセリングの神様、静かなる革命家と呼ばれています。その呼称が決して大げさではないほど、後の世に大きな影響を与えています。

何を隠そう僕自身、ロジャーズに憧れてカウンセラーになりたいと思いました。

はじめて僕がロジャーズのことを学んだのは20年前。そのころ教わった「伝説のはじまり」ともいえるエピソードをご紹介します。今でも僕は、このエピソードが大好きです。

ロジャーズ以前のカウンセリングとは、精神科医や精神分析家、心理学者が、問題を抱える人の心理状態や生育歴を調べて、**客観的に助言や指示を与えるのが一般的でした。**

悩んでいる人に対して、専門家が「あなたの問題はこれ。こうすれば問題は解決する。

だから、こうしなさい」と、「正しい答え」を指示する。**医学や心理学にもとづく「科学的知見」から出された助言や指示だから、それが正しいと思われていた**のです。

精神科医や心理学者は、心の専門家ではあるものの、患者・相談者と距離を取って客観的に関わるのが普通です。そのため彼らは、温かく人間的なコミュニケーションをあまり取りませんでした。平たくいえば、上から目線の指示だったのです。

ロジャーズも若いころは、決して偉そうではないものの、客観的に相談者と関わり、専門家としての指示や助言をしていたそうです。

しかしロジャーズがニューヨークのロチェスターにある児童研究所の職員になったとき、大きな壁にぶつかります。

そこは地域住民の移動があまりない場所だったので、カウンセリング後の経過を嫌でも直視せねばなりませんでした。その結果、ロジャーズは自分の指示や助言が「必ずしも役立っていない」ことをその目で見ざるをえなかったのです。

そしてあるとき、ロジャーズの考えを大きく変える出来事がありました。

地域の児童研究所が再編成され、ロジャーズが新しく独立したロチェスター相談所の所長になった後のことです。

相談所に、ひとりの母親が、問題行動のある少年を連れてきました。

相談所はまず生育歴を聞き、心理検査をしました。そして専門家たちで会議を開き話し合った結果、「少年の問題行動は、母親が少年の幼少期に心理的な拒否をしていたのが原因だ」ということで、見解が一致しました。

面談を通じて少年と母親の関係は詳しく調べ上げられ、ものすごく分厚い資料が作られました。そのときロジャーズは母親側を担当し、もうひとりの臨床心理士が少年側を担当しました。

ロジャーズはおだやかな態度で母親に、「あなたの拒否的な態度が少年の問題行動を起こす要因になっている、それをちゃんと見つめるように」と助言をしたそうです。

ところが、少年の問題行動はいつまでも変わりませんでした。およそ12回の面談後、とうとうロジャーズは母親に、こう告げました。

「お互いにがんばったものの、どうもこの面談はうまくいっていない。何も得ることができていない。**もう面談を打ち切ったほうがいいのではないかと感じています**」

当時の権威的な立場にある心理学者のロジャーズが、自分の助言が役に立っていないと認め、それを誠実に話す。それはロジャーズにとっても、勇気がいることだったと思いますが、それぐらい自分の無力を感じていたのかもしれません。

ところが、ここで大きな変化が起こります。

面談の終結に同意し、席を立って面談室から出て行こうとした母親が、ドアの手前でくるりとロジャーズのほうを振り返り、こういったのです。

「先生、ここでは大人の面談はなさらないのですか」

ロジャーズは驚いて、「ときどきなら」と答えました。

母親はさっき立ち上がったばかりの席に戻り、いいました。

「実は、夫婦関係に大きな問題を抱えているんです。そのことを相談したいのです」

母親の話は、12回もの面談で聞いたものとはまったく違う内容でした。**ロジャーズはどうしたらいいのかわからず、ただ、母親の話を聴き続けていました。**

そうして、母親の話をただ聴くのみの面談が何度か続きました。すると不思議なことに、自然と彼女と夫のあいだの関係が改善されていきました。そして、彼女が自身の心をありのままに受け入れていくにしたがい、少年の問題行動も消えていったのです。

そのときのことを、のちにロジャーズはこう語っています。

これは私にとって決定的な学習体験でした。私は、自分の考えに従うのでなく彼女について行ったのです。

私が到達した診断的理解に彼女を導く代わりに、ただ聞いていたのです。

それは**専門的関わり合いというよりは、個人と個人との関わり合いに近かったの**です。しかも結果はお話しした通りでした。※

※『人間尊重の心理学』カール・ロジャーズ著　畠瀬直子 訳（創元社）1984.12／改行、太字は著者

悩んでいる本人の中に、問題を解決する能力が秘められている

このときの経験からロジャーズは、**「悩んでいる本人が、何が問題なのかを一番知っている」「悩んでいる本人の中に、問題を解決する能力が秘められている」**ことに気づきます。

前述のように、それまでのカウンセリングは、精神科医や心理学者が「あなたの問題はここにあるから、こうしなさい」と指示や助言をするのが普通でした。ロジャーズも最初は、母親の少年に対する関わり方を変えさせようとしていました。しかしロジャーズがカウンセリングの効果がないことを認め、終結を提案したとき、彼は自分の権威を捨てました。

ここからは僕の想像なのですが、「お母さん、僕の力不足で面談がうまくいっていなくて本当に申し訳ない」そういう態度をロジャーズが示したとき、この母親にとってロ

ジャーズは、とても温かく正直で、誠実な人物であったはずです。

そしてそれは、今までのどの専門家とも、まったく違った態度だったことでしょう。その瞬間に、ロジャーズと母親のあいだで、「心理学者」と「問題を抱えた相談者」ではなく、**「人間」と「人間」の、役割やレッテルを取り払った深い関係が構築された**のではないでしょうか。

だから母親はロジャーズに本当の意味で、心を開いたのだと思うのです。

「この先生は、ほかのどの先生とも違う。本当に正直で誠実に私に向き合ってくれている。『母親のあなたのせいです』と私を責めることもしない。この人になら、自分が本当に思っていることを打ち明けても、ちゃんと聴いてくれるかもしれない」

そう思ったからこそ、夫婦関係がうまくいっていないことや、そのほかの自分自身の問題について、話してみようという気になれた。僕にはそうとしか考えられないのです。

ロジャーズの教え子で、ロジャーズのカウンセリングを発展させたデイブ・メアンズは、この**「深い関係性」こそがカウンセリングにとってもっとも必要なこと**だと述べています。

ロジャーズはこのときの経験から、決して上から目線になることなく、**相談者と対等な人間関係を築き、悩んでいる本人の言葉や気持ちを丁寧に聴いていく「傾聴」**を大事にするカウンセリングを作り上げていきます。

現代のカウンセリングの基礎が、ロジャーズとこの母親との「深い関係性」から生まれたのです。

相談者と「対等な人間関係」を築く

その後、ロジャーズのカウンセリングは、心理学の理論や理屈から解決策を導き出すよりも、悩んでいる本人の言葉や感情、考え方を大事にして、その人自身に問題解決能力があるとする、現代の心理療法に発展していきます。

やがてそれは、「来談者中心療法」「パーソンセンタードアプローチ」と呼ばれるようになります。心理学の理論や理屈ではなく、**来談してくれた人そのものが中心**なのです。

ロジャーズは、カウンセリングにおいて大切なのは、カウンセラーと相談者が「対等な人間関係」であることだと考えました。かつての、権威的な上からの指導では効果がなく、**相談者と対等な深い人間関係を築くことが相談者の問題解決のために大切**だとわかったからです。

さらに、ロジャーズはそういう「対等な人間関係」の大切さを、カウンセリンググループの中だけに限定しませんでした。人間と人間が関わり合うところであれば、どんなところでもこのやり方が有効であると信じたのです。そして、産業や医療、教育、夫婦関係、国際問題など、あらゆる場面に広げていきました。

そして現在、「対等な人間関係」の考え方は、世間一般に広く浸透しています。大企業では管理職が部下を指導するうえで、傾聴の研修を受けるのが当たり前になっています。教育の現場でも、先生の意見を押し付けるのではなく、子ども自身に考えさせ、子どもの意見を大事にする、そういう教育が大事だといわれるようになりました。

夫婦関係においても、「夫婦とはこうあらねばならない」という固定観念に縛られず、お互いがお互いの本音に耳を傾け、そのふたりなりのオリジナルな夫婦の形を作っていくことが、社会の共通認識となりつつあります。

また、今では医療現場の常識となっている、医師が患者に手術の必要性や危険性をしっかりと説明する「インフォームドコンセント」も、傾聴の考えが当たり前となったからできたのでしょう。医者と患者も、対等になったのです。

これらの大きな社会の変化、そのすべては、このロジャーズと母親のカウンセリングが起点なのです。これはカウンセラーならみんな知っているほどの有名な話で、まさに「伝説のはじまり」といっても過言ではないでしょう。

ロジャーズが「カウンセリングの神様」といわれるのも、納得していただけると思います。

僕自身、カウンセラーとして日々仕事をする中で、ロジャーズのような相談者との関わり方こそが、傾聴の基礎であり最終形態でもあることを実感しています。

もちろん、さまざまな知識や技術もあったほうがいいですが、突き詰めると、**「自分に悩みを打ち明けてくれている目の前の人に、どのように関わっていくのか」**という態度そのもののほうが、圧倒的に大切です。
傾聴は決して単なる技術ではなく、人との接し方や態度そのものであることを、ぜひ覚えておいていただけたら幸いです。

「自己の不一致」が心の苦しみを生む

先ほどの母親は「もしかしたら自分と夫の関係がうまくいっていないことが、子どもに影響しているのかもしれない」という感覚を、ロジャーズのカウンセリングを受ける前から心のどこかに持っていたはずです。

そうでなければ、ロジャーズにそのことを話しはじめることはなかったでしょう。

しかし自分たちの夫婦関係の悪化が、子どもに悪影響を及ぼしている可能性について、誰にも相談できなかった。それは、児童相談所の職員とロジャーズが作り上げた資料に、夫婦関係のことが一切載っていなかったことからも明らかです。

「自分たちの夫婦関係が子どもに悪影響を及ぼしているかもしれない」

そんな思いが心のどこかにあっても、「心理の専門家である児童相談所の所長がいうことが正しいんだ。知識のない自分の考えなど話しても仕方がない」。そう思ってしまったのかもしれません。

しかし心の奥底には、まだちゃんとした言葉にはなっていないものの、「もしかしたら自分たちの夫婦関係のせいかも」という気持ちが、ぼんやりと存在します。「そこにちゃんと向き合えば、もしかしたら何かよい変化があるかもしれない」と、モヤモヤと感じていたはずです。

つまり母親の中で、「自分たちの夫婦関係が子どもに悪影響を及ぼしているのかもしれない。それを認めたら、何かが変わるかもしれない」という気持ちと、「いや、自分たちが原因なんて、そんなことあるはずがない」という気持ちの両方があり、**葛藤状態になっていた**と考えられるのです。

こういう状態を、ロジャーズはのちに**「自己の不一致」**といいました。母親の中にある**ふたつの気持ちが一致せずに、バラバラになっている状態**です。

そして、こういう自己の不一致に陥っていると、人間は自分が何を選択したらいいのかわからなくなり、それによりさまざまな悩みや問題が起きて、**心の病の原因になる**と考えたのです。

逆に、葛藤状態にある**自己を一致させることができれば、人間の心は自然と治癒能力や成長能力を発揮します。**選ぶべき選択肢も見えてきて、多くの悩みや問題を乗り越えていくことができます。

きっとこの母親も、ロジャーズの誠実な態度に触れ、「この人だったら、私が本当に感じていることを笑わずに聞いてくれるかもしれない」と思い、自分の中の真実に向き合っていくことができたのでしょう。

それにより母親の中にあるふたつの気持ちが自己一致していき、自然治癒能力や成長能力が発揮できるようになったのだと思います。そして、夫婦問題を改善していった結果、子どもの問題行動も自然に収束していったのです。

「自己一致」という言葉について、ロジャーズは**「純粋性」「自分が自分になる」**という言葉も残しています。

自己一致とは、いい換えれば「より純粋な自分自身になっていく」心の働きなのです。

僕自身も自己の不一致に思い悩んだ

自己の不一致は、人間なら誰もが経験するもので、多くの人の悩みの根源となっています。自己の不一致について理解を深めることは傾聴にも役立つため、ここでは僕自身の自己の不一致の経験をお話ししたいと思います。

僕は大学生だった19歳のとき、自分の本当にやりたいことだったカウンセラーの道をあきらめました。当時通っていた大学は心理学と関係がありませんでしたし、別の大学に入り直して路線変更するほどの勇気が持てなかったのです。

卒業が近づき、就職活動をはじめたのですが、ここで困ったことが起きました。就職活動では、志望動機を伝えなくてはいけません。僕は就職氷河期世代ですから、いい加減な志望動機では、面接に受からないのです。そこで僕は、自分が何をやりたいのかを考えなければいけなくなりました。しかし、自分のやりたいことが、まったくわかりません。

そこから「やりたいことがわからない」のに、無理やり志望動機をひねり出しては、会社にエントリーして落ちるという日々を過ごしました。

今になって振り返ると、**僕は自分自身の本心と向き合うのが怖かった**のです。「自分のやりたいことは？」と自問するたび、心理に関わる仕事、その中でも特に心理カウンセラーという仕事に就きたいという思いが、頭をよぎっていました。

しかしそのことを認めたくありません。なぜなら、それを認めることは、**自分自身の弱さに直面することになる**からです。

「本当は今でも心理学に興味がある。できることならカウンセラーになりたい。でも就職活動もはじまっているのに、今さらカウンセラーになりたいなんて遅すぎる。本当になるのなら、大学に入り直して心理学を学び、大学院にも行かなきゃいけない。そこまで苦労して臨床心理士になっても、食べていけるのはほんのひと握りの人だけ。そんな無謀なチャレンジをするのは怖すぎる……。今までの人生でなんにも必死になれなかった自分が、そんな大変なチャレンジをしたところで、成功できるとはとても思えない……」

そういう思いから、カウンセラーになりたいという**本当の気持ちを自分の心の奥深くに封印して、意識に上らないようにしていた**のです。

まさにこれが、自己の不一致の状態です。

本当はカウンセラーになりたい。もし夢見たカウンセラーになれたら、本当にうれしい。心の奥深くでは、それをちゃんとわかっているのです。

しかし、その本心は、言葉として表現できる意識の上層にまで、上がってくることはありません。それはなぜか？　もし本心を言葉にして意識してしまったら、「やりたいことがわからない」状態より、もっとつらい状況に追い込まれてしまうからです。

「本当はやりたいことがあるにもかかわらず、失敗するのが怖いと逃げ回っている」そんな**弱い自分を認めなくてはなりません。それは、何よりもつらい**ことです。そんなことをするくらいなら、やりたいことがわからないまま、就職活動がうまくいかないほうがまだマシなのです。

会社を選ばなければ、就職するくらいはできるでしょう。そうなれば、自分の弱いところに向き合う必要はなく、心に痛みを感じる必要はありません。

後から振り返ればバカみたいな話ですが、短期的に見ればそのほうが「得」なのです。人間の無意識は、目の前にある苦痛から逃れることを優先しますから、短期的に逃げることを優先するのも当然のことです。

しかし本心から目を背け続けていると、状況はどんどん悪くなっていきます。僕の場合は志望動機がいい加減なことに加え、就職氷河期であったことから、まともな会社に就職できず、ブラック企業からブラック企業へと何度も転職を繰り返しました。

「このまま転職ばかりを繰り返していては、30歳になるころには履歴書に書ききれなくなってしまう……」。結局、歳を重ねてからそんな状況に追い込まれて、自分の本心と向き合わざるをえなくなったのです。

自己の不一致にカウンセラーはどう向き合うか？

これが、僕の経験した自己の不一致です。

そして先ほどお伝えした通り、**自己の不一致は誰でも経験すること**です。

たとえば、

「仕事がうまくいっていないことを、人や環境のせいにしてしまう」

「家族とケンカして自分が悪いときでも、ごめんなさいといえない」

「高嶺の花の人を目で追いながら、気持ちにブレーキをかけている」

あなたにも、心当たりがありませんか?
では、そういう状態の人に対してカウンセラーは、どのように向き合うのでしょうか。
そのアプローチ方法は一般の方の傾聴にも参考になると思うので、ご紹介しますね。

ロジャーズの教えを受け継ぐカウンセラーたちは、次のような態度、雰囲気で相談者に接します。

「安心してください。あなたがどのような荒唐無稽な話をしようとも、私は決してあなたの話をバカにしたりしません。あなたがどのような価値観や考え方、過去を持っていたとしても、それを否定や批判は絶対にしません。

むしろ、あなたの価値観や考え方を大事にして、それを尊重しながらこの問題にどのように取り組んでいけばいいのか、一緒に考えていきましょう」と。

僕たち**カウンセラーは、「相手の心をありのまま受容したい」と思って相談者に接します**。それと同時に、相談者がなぜそのような価値観や考え方になったのか、根っこの部分から理解したいと思っているのです。

この相談者にとって、「どんなふうに世の中の姿が見えていて、どんなふうに世の中の声が聞こえていて、どんなふうに世の中のメッセージが感じられているのか？」。相談者の目が見ているように見て、相談者の耳が聴いているように聴いて、相談者の心が感じているように感じたい。そういう態度で話を聴くのです。

だって、**相手の心の問題を解決するためには、まずは相手の心そのものを知る必要がありますから**。でも、自分に対して否定的、批判的な態度の人に、自分の心の奥底をオープンに伝えたいなんて思う相談者は、まずいません。

相手に心を開いてもらうための受容的な態度のことを、専門的には「無条件の肯定的配慮」といいます。**無条件に、どんなことをいっても否定せずにその気持ちを尊重しますよ**っていうことなんですね。

それは、相談者の過去や価値観、考え方を理解し、**心が体験した感覚を同じように感じなければ、相談者の抱えている問題を本当に理解することはできない**からです。そうした心構えにもとづいて相手を理解することを、「共感的理解」と呼びます。

カウンセラーは、相談者自身と同じ立場に立った共感的理解をしたうえで、カウンセラー自身の心がどのように感じたのか、うそ偽りのない誠実な言葉を伝えます。

「何も怖がったり、恥ずかしがったりする必要はありません。あなたがどのような人間でも、僕はあなたの味方です。だから、あなた自身が本当に感じていることを、あなたなりの言葉で表現してください。僕は絶対にそれを否定も批判もしませんから」

「でもきっと、ご自身でもよくわからない気持ちがたくさんあって、すぐには言葉にできないこともあるでしょう。ご自身の気持ちを言葉にできるまで、僕はゆっくり、耳を傾けます。だから、少しずつ、少しずつあなたの心を教えてください」

カウンセラーのそういう態度が相談者に伝わったとき、相談者は少しずつ自分が本当に感じていることを言葉として表現していけるようになります。そうして話しているうちに、自分でも気づいていなかった気持ちに気づきます。

自分自身が心の奥深くに封印した、本当の思いに気づいていくのです。

自分の話に興味・関心を持ち、耳を傾けてくれる雰囲気。
今まで誰にも話したことがなかった出来事。
自分の頭の中ですら言葉にしたことがなかった考え。
それらを話しても、みじんもそれを否定や批判する態度を感じさせない空間——
そんな空間だからこそ、相談者は安心して自分の心に向き合うことができるのです。

人間は、自分で自分を責めてしまう生き物

「そんなこと、自分自身の頭の中でやればいいのでは？　自分ひとりで考えれば、誰も否定も批判もしないじゃないか」と思う人もいるかもしれません。

ところが、これは**決してひとりではできない**ことです。

なぜなら、人間は自分で自分を責めてしまう生き物だからです。

人間は幼いときからの経験で、さまざまな価値観や考え方が身体に染みついています。自分の心が感じたことが、幼少期から身体に染みついていた価値観や考え方に反していた場合、人は自分で自分を責めることになります。

僕の場合も、「カウンセラーというやりたい仕事があるのに、チャレンジして失敗することが怖いからずっと逃げ続けている」といったように、無意識に自分自身を責める気持ちがありました。

「失敗するのが怖いから逃げるなんて、情けない」

少年漫画を読んで育った僕は、ほかの一般的な同年代の日本人と同じように、そういう価値観や考え方が、身体に染みついてしまっていたのです。だって、悟空もルフィもナルトも、そんなかっこわるいことはしないのですから。

だから僕は、頭の中で自分を責める声ばかりが聞こえてしまい、いつまで経っても自分自身に向き合うことができなかったのです。

でも、そこでカウンセラーが、絶対に否定も批判もしない態度で話を聴いてくれたら、どうでしょう？

「失敗して挑戦するのが怖い。そんな怖がりな自分を認めるのはつらいですよね。怖いことから目を背ける生き方を続けているうちに、自分のやりたいことすらわからなくなってしまう。それは情けないことではありません。人間なら当然の感情です」

そんなふうにカウンセラーが言葉や表情、声色で、共感する雰囲気を醸し出しながら話を聴いてくれたら、ほっと安心できます。

そして「ここは自分の弱さを否定も批判もされない空間だ」と理解して、**やっと心の安全を確認でき、自分の内面を深掘りすることができる**のです。

そうすれば自然と、自分で自分の問題点に気づき、**どう行動していけばいいのかも、自分で答えを出すことができるようになります**。

そのような雰囲気で人と接することは、決して安易な心理テクニックではできません。

「生きる姿勢そのもの」といえるでしょう。

相手の心の世界がどのようなものであろうとも否定や批判をせずに受け入れ、**相手の心の世界に興味や関心を持って、理解しようとする姿勢**です。

相談者の価値観や考えを受け入れたからといって、カウンセラー自身の軸がなくなってしまうこともありません。相談者の話を聴いている自分の心の動きを敏感にとらえ、その瞬間、瞬間の自分の心の変化に正直に、自己一致できているのです。

聴き手が自己一致できていることが、なぜ重要なのでしょうか。

カウンセリングの現場で、相談者はとても敏感です。だって、自分の本心をさらけ出すのは、内臓を皮膚の外にむき出しにするのと同じくらい、怖いことです。カウンセラーの言動にほんの少しでもうそや、まやかしが混じっていたら、しっかりとそれを感じ取ります。表面的な言葉など、必死な気持ちの相談者からすればバレバレなのです。

だから、カウンセラーはカウンセリング中に自分自身の心にうそ偽りなく自己一致している必要があります。そして、**カウンセラーがうそ偽りなく、受容、共感してくれるからこそ、相談者も自分の弱さを受け入れ、乗り越えていくことができる**のです。

カウンセリングをうまく進めるための3条件

このような態度で人と関わることは、高度に成熟した大人の精神だからこそ可能になります。ロジャーズの教え子であるデイブ・メアンズは、それを**「深い関係性」**relational depth と呼び、**「そういう深い関係性こそが人を癒やし、成長させる」**と述べました。

カウンセリングの技法は無数にありますが、この「深い関係性」なくしてはどのような技法を使ってもうまくいきません。

そういう深い関係性がカウンセラーと相談者のあいだに築かれている様子をロジャー

ズが研究した結果、**カウンセラーの態度に常に「受容」「共感」「自己一致」が見られることがわかりました。**

この3つはカウンセラーなら誰もが知っている、**ロジャーズが提唱したカウンセリングをうまく進めるための3条件**です。

カウンセリングはよく、植物を育てることにたとえられます。植物を元気に育てるためには、よい土ときれいな水、たっぷりの太陽が必要です。逆にそれらの3つがあれば、放っておいても植物は元気に根を伸ばし、枝を広げていきます。

植物にとってのよい土ときれいな水、たっぷりの太陽が、人間の心でいう「受容」「共感」「自己一致」に当たるのです。それらによる、しっかりとした愛情のある深い人間関係を与えてもらえれば、相談者の心は自らの治癒能力と成長能力を発揮して、たいていの問題は乗り越えていけるようにできているのです。

しかし、この「受容」「共感」「自己一致」は、決して足し算できるようなものではありません。それは相談者と関わるときのカウンセラーの態度を、研究のために3つに分けたにすぎません。本来それらはひとつのもので、混ざり合い、溶け合って、決してバラバラに語ることができないものです。その姿を、**もっとわかりやすい言葉で表現するなら、それこそが「愛」というもの**なのかもしれません。

1対1で相対した相手の価値観や考えを受け入れ、相手の心の世界をなるべく正確に受け入れて体感しようとしながら、それでいて自分の心にも正直で、安易なアドバイスに走ることなく問題について一緒に考える。相手のどのような言葉も、否定も批判もせず、相手の気持ちを理解しようと努め、そのうえで本当に必要な言葉を投げかける――

そういう態度を、一般的な言葉で表したとき、「愛」でなければなんでしょう。もちろん、恋愛や親子愛とは異なる、ひとりの人間とひとりの人間のあいだで、**最大限よい関係を築けている瞬間を表す人間愛としての「愛」**です。

若いころの僕は、カウンセリングの世界に「愛」という曖昧な表現を持ち込んでよいのだろうかと、迷っていました。そんなときに、僕の先生である畠瀬直子先生の『カウンセリングと「出会い」』（創元社）を読みました。

そこには、カウンセリングには「古来から人類が求めてきた『愛』と呼べるような相手への深い受容が含まれている」と書いてありました。さすがは僕の先生。ずいぶんと前に、僕が通った道をすでに通っておられたようです。

カウンセリングの本質が愛であることを理解してもらえれば、**ロジャーズ流のカウンセリングが決して安易な心理テクニックではない**ことがわかるはずです。なにしろ、本物の愛にテクニックなど存在するわけがないのですから。

ロジャーズ流のカウンセリングが、あらゆるカウンセリングの基礎と呼ばれるのも、「カウンセリングは傾聴にはじまり、傾聴に終わる」といわれるのも、それが究極の人間関係の形である「愛」そのものだからなのです。

身近な人を愛することの難しさ

一方で、人間にとって、愛することほど難しいことはありません。精神分析では、**愛を「相手のために、相手本位に時間を与えることである」と定義**しています。

また、精神分析家のエーリッヒ・フロムはこんなことをいっています。

「もしある女性が花を好きだといっても、彼女が花に水をやることを忘れるのを見てしまったら、私たちは花にたいする彼女の『愛』を信じることはできないだろう」※

この言葉は本質を突いています。僕たちは、相手が**思うだけでなく行為として示してくれたとき、はじめて自分が愛されていると感じる**のです。

高い学習塾に通わせる親より、寝るときに一緒に本を読んで、わからない算数を一緒に考えてくれる親の行為に、子どもは愛を感じます。

※『改訳・新装版 愛するということ』エーリッヒ・フロム著　鈴木晶 訳（紀伊國屋書店）2020.08

でも、僕たちは誰かのためにばかり時間を使うことなどできません。ましてや忙しい現代人は、仕事や生活に追われて手いっぱいです。自分以外の人のためだけに時間を使い、行動することは、至難の業なのです。

相手の話に耳を傾けるとは、**自分よりも相手を優先するということ**。だから、**日常的に「傾聴」を続けるのは誰にとっても難しい**ものです。

だからこそ、僕は一般の方が「傾聴を学びたい」と志す行為そのものに、深い愛を感じます。傾聴を学びたい人の根底にあるのは多くの場合、「人の役に立ちたい」という思いだからです。

それはつまり**「誰かに愛を与えたい」というタイミングが、あなたの人生に訪れているる**のでしょう。そういう方が傾聴を学び、日常生活で実践していくことにより、この世の中は少しずつお互いを思いやる気持ちであふれていくのだと思います。

僕はそのことが、何よりもうれしく思うのです。

ぜひ一緒に、傾聴の輪を広げていきましょう。

第2章

「傾聴するこころ」を育むカウンセリング5選

その

1 僕がはじめて受けたカウンセリング

第1章では、カール・ロジャーズの起こした革命の話から、傾聴が「愛」そのものだという話をしました。とはいっても、これだけでは傾聴がどんなものか、具体的にはわからないですよね。傾聴は、理論だけで学べるものではありませんから。

本当は、あなた自身がたくさんカウンセリングを受けて、**自身の心身で傾聴を味わうことが、傾聴を理解するための近道**です。僕も恩師である畠瀬直子先生に、いっぱい話を聴いてもらいました。でも、一般の人が何度もカウンセリングや傾聴を体験するのは、時間や費用の問題で難しいのも確かです。

そこで代わりに、僕が**「これはすごくいいカウンセリングだ！」と思ったケースを5つ**紹介したいと思います。僕自身が受けたカウンセリングをご紹介するのは、やはり自分自身が体験したものが一番リアルに伝えられると思うからです。

20年ほど前の話です。25歳になるころ、僕はカウンセリングのスクールに通いはじめました。当時は自分がカウンセラーになれるなんて、みじんも思っていませんでした。そもそもカウンセラーは大学院を出て臨床心理士になっても食べていけないといわれ、あきらめていたからです。前述のように就職氷河期でブラック企業に入ったこともあり、僕は仕事が続かず職を転々としていました。

「なんで仕事が続かないんだろう。自分は社会不適合者なのだろうか……。このままいくと、本当に落ちるところまで落ちてしまう」

そんな不安に押しつぶされそうになったときに、自分を変えるきっかけになればと、日本メンタルヘルス協会という心理学のスクールに通ったのです。久しぶりに学んだ心理学はとても面白く感じました。

さらに深く学びたくなった僕は、産業カウンセラー講座に通いはじめます。ここでは実技の練習がたっぷりあり、それも充実したいい経験になりました。

そうするうちに、だんだんと僕の中に、一度はあきらめたカウンセラーになりたいという気持ちが、また芽生えてきました。

「カウンセラーになりたい、でも自分には無理だよな……」

そんな堂々巡りを繰り返していたとき、ふと思ったのです。

「カウンセラーになるにせよ、ならないにせよ、カウンセリングを学んでいる僕が一度もカウンセリングを受けたことがないのは、なんだかおかしな話じゃないか」

せめて一度は、**自分がカウンセリングを受けてみよう**。そんな当たり前のことに、やっと気づいたのです。


そこで、通っていた日本メンタルヘルス協会の越智先生という方にお願いし、人生初のカウンセリングをしてもらうことになりました。予約時点で、心臓がバクバクし、当日は予約の時間よりずいぶんと早く着きました。

はじめて会った越智先生の印象は、小柄でかわいらしい、やさしそうなおばさんという感じでした。緊張した僕は越智先生の目をしっかり見ることもできず、ブツブツと小さな声で話しはじめました。

「カウンセラーになりたいような気がするんですけれど、自分なんかがカウンセラーになれるのか、自信が持てないんです。そもそも、本当にカウンセラーになりたいと思っているのか、講師の先生のお話がすごく面白いからそう思い込んでいるだけなのか……。それも自分ではよくわからなくて……。

でも、自分は20代半ばなのにもう何度も仕事を辞めて、何か本当にやりたいことを見つけなきゃとも思っていて……。自分から動かないと何も変わらないって、それを心理学でずっと学んできたのに、何もできていない自分自身も嫌で……」


そんな感じでぐだぐだと、ずっと話していました。越智先生は、やさしそうな顔でずっとそれを聴いてくれています。しかし、ほんの少し困ったような顔をされました。きっと先生はこう思われていたのだろう、と今は思います。

目の前にいるのはまだ20代半ばの将来ある若者です。「カウンセラーになりたいのなら、思いきってチャレンジしたらいい!」なんて、安易なことはいえません。20年ほど前は、現在に比べてもっとカウンセラーが食べていけない時代でしたから(当時、僕が派遣社員として働いていた大企業で、正社員になれる話があったことも、越智先生にはお話ししていました)。

かといって、せっかく夢を持ちはじめた若者に対して、「リスクがあるからやめておきなさい」とお説教するのも、カウンセラーとしてはおかしな発言です。

だから越智先生が初回に安易に自分の意見をおっしゃらなかったのは、当然のことだと思います。僕もカウンセリングは何度も通わないと効果がないとわかっていたので、「まあ、1回目はこんなものか」と思いました。

そして、1ヶ月ほど経って、また越智先生のカウンセリングを予約しました。2回目も、「カウンセラーになりたい気もするけれど、その気持ちが本当かどうか確証が持てないんです」と、ほとんど同じ話を1時間ほど続けました。

越智先生は静かに、ずっと僕の話を聴いていました。そして終わり際に、とてもやわらかくやさしい声と顔で、こうおっしゃいました。

「中越君、がんばりや。私、応援するわ」

その言葉を聞いた瞬間、僕はいろんなことがわかりました。

越智先生は前回のカウンセリングから、どうしたものかとずっと悩んでくれていたのだろう、と。

——こんな若い子に対して、安易に夢を追いかけてカウンセラーになればいいとはいえない。でも、逆にリスクのあることはやめておけともいえない。ただ、この目の前にいる若い男の子は、自分を変えたいという気持ちを持っている。自分を変えたいと必死になって、今までの自分と戦っている。

そのことを、決して否定することはできない。いや、むしろ応援してあげたい。カウンセラーとして食べていけるかどうかは、やってみないとわからない。確かにいえるのは、この若い男の子が消極的で大人しすぎる自分を変えようと、あがき、もがいていることが、とても尊い経験だということだ。だから私は、**カウンセラーとしてではなく、ひとりの人間としてこの男の子を応援してあげたい**——

「中越君、がんばりや。私、応援するわ」

その言葉を聞いた瞬間、越智先生がそんなふうにいろいろと悩み、迷い、考えてくれた思いが、なぜだかわからないけれども、すべて伝わってきたのです。

それは僕と越智先生が、「深い人間関係」に一歩近づいた瞬間だったと思います。自分の夢を誰かに応援されたのは、はじめての経験でした。そもそも、恥ずかしくて誰かに自分の夢を打ち明けるなんて、したことがなかったのです。

すごくうれしく、同時にすごく照れてしまい、うつむいたまま「はい。ありがとうございます」と微笑みながらいいました。

越智先生は、弱い僕を批判も否定もせずに受け入れてくれ**〈受容〉**、自分を変えたいという僕の気持ちも理解してくれ**〈共感〉**、「中越君、がんばりや。私、応援するわ」という自分の中から出てきた純粋な言葉**〈自己一致〉**をかけてくれたのです。

2回のカウンセリングは約120分。7200秒。**越智先生がしゃべったのは、ほぼこのひと言でした**。時間にすれば、たったの5秒ほどです。

でも、**7200秒かけて出てきた5秒が、僕を大きく勇気づけてくれた**のです。いかに聴くことが大事か。はじめてのカウンセリングで、体感することができました。

越智先生のひと言がなければ、僕はカウンセラーになっていなかったかもしれません。

その2 子どもを殺めてしまった母親の心を動かした言葉

次にご紹介するのは、臨床心理学者の村瀬嘉代子先生が、ある女性を精神鑑定したときの話です。公認心理師の現任者講習会でこの話を聴いてから、今も強く印象に残り続けています。それはこんなエピソードです。

26歳の女性Aさんが、夫の愛情が冷めたと絶望して自分の子どもを殺し、その後、自殺しようとしました。でも自殺は未遂に終わり、Aさんは殺人罪で起訴されました。最初、ほかの臨床心理士の鑑定では、各種心理テストにほとんど反応せず、何を質問されてもほぼ無反応でした。

Aさんは小中学生のときから断続的に不登校になり、学校嫌いで中学校を中退しています。心理テストへの反応や過去から考えると、児童期から少しずつ統合失調症が進行していた可能性があると判断されました。

しかし、うつ病と統合失調症の鑑別基準の問題や、事件発生前のAさんの行動に必ずしも奇異が目立っていなかったので、再鑑定することになりました。

その鑑定を、村瀬先生が担当しました。

村瀬先生は自己紹介の後、いろいろな心理テストをしようとしますが、Aさんは硬い表情のまま「わかんない」を繰り返します。バウムテスト（木を描くテスト）のために紙とえんぴつを渡しても、棒付き三角のような図形を描いて突き返すなど、とりつくしまもありません。

しかしそこからの展開がとても興味深いものでした。

データがとれなければとれないでよし、テスターとしての面目は二の次と決心し、用具を片づけながらふと

「今まで、幾度も重ねていろいろな人に尋ねられ、貴女としては事件以前に事態がもとに戻るはずもないし、もう想い出したくない、考えたくないのでしょうね。

何か決めるのなら（著者注：おそらく心理鑑定や判決のこと）決めてくれという気持かしら、辛いのでしょうね……。

そう、今のこういうことでなくて、いろいろわずらわしい大人の世界に入る前の屈託ない子どもの頃を想い出して、楽しかったこと、あのときの自分にかえれたらなあということなのですか。」と問うた。

意外なことに、Ａ女は声の調子、語り口が急に子どもっぽくなり

「楽しかったことなんかひとつもない、病気のときお母さんが世話してくれたの憶えてる、でもそのお母さんも九歳のとき死んで、後は弟や妹のお守りのために学校休ませられた。

休んでるうちに、勉強もわからなくなり、学校嫌いになった……。

小さいときから子どもの世話と家の手伝いばかりでもうたくさんと思ってた。

自分は化粧も下手で何につけてもかわいくない、夫は自分を嫌ってるように思えたし……自分なんかに育てられる子どもも可哀そうだ……いっそ自分も子どもも死んじゃった方が……夫への腹いせに……」

と話し始め、それまではできない、わからないと答えていたWAIS[※1]、ロールシャッハテストにすらすら反応し始めたのであった。

この結果、A女は経験、学習不足による潜在能力発揮不振の傾向、著しく低い自尊感情に基づく軽度の念慮傾向及び情緒の不安定さが基定（ママ）にあり、それらを護るために殻にこもり感情抑制を行う傾向が認められたが、孤独の殻に包まれた内面は一応の事理常識のわきまえがあり、無感動、アパシーな外見と裏腹に、強い情愛渇望感がうかがわれた。

（この事件の予後：事件発生直後の時点で、離婚を決意していた夫は審理の進行につれ、次第にA女の内面を理解する努力を始め、親族の反対にもかかわらず、A女の罪は自分の罪でもあると、判決後（実刑七年）、A女の出所を待つことになった。[※2]）

何がAさんの心を変えたのか。それはきっと、重い刑事事件の精神鑑定であっても、**ひとりの人間として相手と関わり、相手の心情や人生を理解しようとした、村瀬先生の温かい態度**だったに違いありません。それは、この事件が起きてからはじめて受けた、

※1　**WAIS**…知能検査。
ロールシャッハテスト…性格検査。

人間的な関わりだったのかもしれません。

村瀬先生が「データがとれなければとれないでよし、テスターとしての面目は二の次と決心し」と思われた部分は、まさに自分の本音の言葉**〈自己一致〉**だと思います。

そして、心理検査にちゃんと答えようとしないＡさんに対して、否定も批判もしなかった**〈受容〉**。

さらに、「貴女としては事件以前に事態がもとに戻るはずもないし、もう想い出したくない、考えたくないのでしょうね。何か決めるのなら決めてくれという気持かしら、辛いのでしょうね……」と寄り添った言葉をかけていらっしゃいます**〈共感〉**。

これらのやりとりが村瀬先生とＡさんのあいだに、深い人間関係を築いていったのでしょう。そして、それが連鎖するように夫の態度まで変えたのでしょう。

たとえ重罪を犯してしまった人であっても、**一個人として尊重し、「傾聴」の姿勢で相手へ向かうことの大切さ**を、このエピソードは教えてくれています。

※2『新訂増補　子どもの心に出会うとき』村瀬嘉代子 著（金剛出版）2020.12／改行は著者

その3 寿美花代さんを救ったひと言

次に紹介したいのは、元タカラジェンヌで、昭和の大スター・高島忠夫さんの妻であった寿美花代さんが受けられたカウンセリングです。高島家はご両親に加えて、息子さんの髙嶋政宏さん、髙嶋政伸さんも人気俳優の、まさに芸能一家です。

そんな家庭の中心的存在である忠夫さんは、僕が知る限り芸能界で最初期にうつ病をカミングアウトした人です。カミングアウトは1990年代の終わり。心の病は、隠すのが当たり前の時代でした。特に忠夫さんは明るいキャラクターで知られていたので、うつ病であるという発信が世間に与えたインパクトは、相当なものでした。

忠夫さんのうつ状態は相当に重く、寿美さんは介護で疲れきっていたそうです。医師のアドバイスを受けて家族でテレビ番組の海外ロケに行ってみると、症状が悪化。別の医師から「海外なんてもってのほか」といわれてしまいました。「自分のせいで夫のうつを悪化させてしまったのでは」と、強く自分を責めることもあったそうです。

疲れきった寿美さんを心配したまわりの人が、カウンセリングを受けることをすすめました。そのときのことを、後に寿美さんがテレビで語ったことがありました。

カウンセリングルームに入り、カウンセラーに案内されてソファーに座ると、その瞬間に寿美さんはわーわーと号泣して、そのまま1時間泣き続けたそうです。

カウンセラーはじっとその様子を見守り、１時間後にこういったのです。

「甘いものはお好きですか？」

「はい」

「でしたら、**今から帰りに喫茶店によって、ケーキを食べて帰ってください**」

寿美さんはいわれた通り、帰りに喫茶店でケーキを食べました。

「そのお店でケーキを食べたら、本当においしくて。また明日から頑張ろうっていう気持ちになれたんです。自分のために時間を使うなんて、いつぶりのことだろう。私は自分のためにケーキを食べるヒマもないくらい、疲れきっていたんだと気づいたんです」※

※参考：朝日新聞「（患者を生きる）うつ　高島忠夫さんを支えて」2006.7.12〜13朝刊生活面

このカウンセリング、本当に見事だなと思います。

経験のない方にはわからないかもしれませんが、相談者が1時間号泣し続けるのをただ聴き続けるのは、本当にエネルギーを使います。普通なら、「泣いてばかりじゃわかりませんので、状況を説明してもらえませんか」といいたくもなるでしょう。

しかしこのカウンセラーは、おそらく**「どれだけ泣いてもいい、何も説明できなくてもいい」**という思いで、ただ泣くだけの寿美さんを受け入れました**〈受容〉**。さらに1時間も泣き続けてしまうほどの寿美さんの疲労感を理解しました**〈共感〉**。そのうえで、「この人は本当にもう疲れきっている。ほんの少しでいいから休んでもらいたい」、そういう気持ちが心の奥底から湧いてきたのでしょう**〈自己一致〉**。そこで最後に、「ケーキを食べて帰ってください」という**「行動課題」**を課したのです。

一般の方は行動課題というと、考え方を変えることや不安を乗り越えるためのトレーニングなどをイメージするかもしれません。

しかしカウンセリングの現場でマニュアルのように課題を出しても、まずうまくいきません。相談者自身の中から出てくる、**「これなら無理なく楽しんでできそう」と思える行動**でないと、ほとんどの相談者は実行してくれないのです。

もしこのカウンセラーが「無理をしないで、ゆっくり休んでください」といっていたら、どうだったでしょうか。寿美さんは耳を貸さず、それどころか「無責任な！　私が休んだら、夫の看病は誰がするんですか！」と反発をまねいた可能性もあります。

だから、寿美さんが無理なく受け入れられ、かつ具体的な行動課題を出す必要があったのです。通常のカウンセリングではそれを相談者と話し合いながら一緒に考えていきます。しかし、１時間号泣し続ける状態では不可能です。

寿美さんがただ泣き続けたのは、本当に疲れきって追い詰められ、感情があふれ出たからなのでしょう。その様子を、**黙って聴く態度こそが、寿美さんに信頼してもらい深い関係性を作る礎になった**と考えられます。そのうえで、カウンセラーが寿美さんの感覚をとらえて出した課題が、「ケーキを食べて帰ってください」のひと言でした。

実際に、この課題はそのときの寿美さんにうまくはまりました。

ケーキを食べるという行動課題を寿美さんはちゃんと実行して、ほんの少し元気と希望を取り戻して、自分自身を内省することができたのです。

「ケーキを食べて帰ってください」。このたったひと言に、どれだけの愛が詰まっていたことでしょう。実は僕も、ときどきこの行動課題を使わせてもらっています。この本を読んでいる人の中にももしかしたら、「私も中越さんに、帰りにケーキを食べて帰ってくださいといわれたんだけど……」と思っている人がいるかもしれません。

その4 先輩カウンセラーYさんの傾聴マインド

僕がはじめて恩師である畠瀬直子先生のカウンセリングの勉強会、関西人間関係研究センター（KNC）に参加してから、もう15年以上が経ちます。

そこでYさんというカウンセラーと出会ったのは、たしか、僕が30歳になるかならないかのころでした。

当時の僕はカウンセラーとして、とにかく自信がありませんでした。開業してすぐに何冊か本を出版することになり、著者という肩書を持ちました。ほんの1年ほど前まで営業職の派遣社員で、まわりの人から「いい歳をして将来どうするの?」と心配されていた僕が、急に「すごいね!」といわれるようになったのです。でも、それは文章が書けるだけのこと。現実にはカウンセラーとしては、まだまだひよっこ。いかに自分が知識も経験も実力も足りていないか、僕自身が誰よりもわかっていました。

なので、畠瀬直子先生の勉強会に参加するようになっても、最初の1、2年はほとんど何も話さずに帰ることがよくありました。「僕なんかが発言して、的外れなことをいって迷惑にならないだろうか……」と思ってしまっていたのです。

あるときYさんが発表する回で、僕は資料に書いてある、「OD」という略語がなんなのかわかりませんでした。でも、恥ずかしくて訊くに訊けません。「プロのカウンセラーと名乗って活動しているのに、こんな言葉も知らなくて大丈夫なの?」と思われるのが怖くて、質問できなかったのです。

その場では話を合わせてなんとか切り抜け、家に帰ってGoogleで「OD」と検索してみました。すると「オーバードーズ」の略。薬を飲みすぎてしまうことを意味するとわかりました。わかってしまえば、拍子抜けするほど単純な話です。

それをきっかけに僕は、「自分と先輩カウンセラーとは、知識も経験も実力も違うんやから、いろんなことを気にしたってしゃーない。もう、逆にどんどん質問して教えてもらうことにしよう。そのほうが得やわ」と開き直ることができました。そうして次の会からは、わからないことが出てきたらすぐに訊くように心がけました。

当時の僕は働く人向けのカウンセリングをはじめていたものの、まだまだ相談者は健康な人がほとんどでした。心の病の人が病院以外でカウンセリングを受けるのは、めずらしい時代。そもそも働く人のうつが、世の中でやっと認識されるようになった時期でした。そんなわけで、当時の僕には心の病や発達障害についての知識や経験が、全然足りていませんでした。

そんなひよっこの僕がどんなことを訊いても、Yさんはニコニコしながらやさしくおだやかに教えてくれました。だんだん勉強会にも慣れてきて「僕は少し違う考えで、こうなんじゃないかと思うんです」と意見をいうと、Yさんは**「ああ、そんな考え方もあるんですね。なるほど。私にはない視点でした。ありがとうございます」**というのです。それが表面上そういっているのではなく、本当にそう思っていらっしゃるというのが、表情や口調からよく伝わってきました。

その様子を見て「こういう人がまさにカウンセラーという存在なんやな〜」と思いました。知識がないことは、恥ずかしいことでも劣っていることでもないから、やさしく丁寧に教える。後輩でも相手の話をちゃんと聴き、意見を尊重する。そういう態度でずっと接してくれていたので、僕のコンプレックスは少しずつ解消されていきました。

このYさんのエピソードはカウンセリングではありませんが、傾聴を学ぶ人にとって、とても重要な要素が詰まっていると思います。Yさんのやりとりには、ロジャーズのカウンセリングの考え方に通ずるものがあるのです。知識や経験が足りない僕を否定も批判もせず受け入れ**〈受容〉**、僕の立場や気持ちをしっかりと理解し**〈共感〉**、そのうえで僕が自分の考えをいっても、「そういう考え方もあるんですね。ありがとうございます」という思いを、うそ偽りのない雰囲気で表現する**〈自己一致〉**。

もし、すべての人間がこういうマインドで日常生活を過ごせたなら、ほとんどの人間関係の悩みは生まれないだろうと想像します。

でも、僕らは生身の人間ですから、実際には難しい。相手を受け入れられず、相手の考えや気持ちに共感できないことも、自分自身の本心にうそをついてしまうこともあります。それでも、**傾聴のマインドを持ちながら、できる限り実践して生きていきたい**と思うのです。なぜなら、そうやって生きたほうが、きっと自分の人生も、まわりの人の人生も、幸福で豊かなものになるはずだから。

その

5 僕を変えた畠瀬直子先生のカウンセリング

最後に紹介する事例は、僕と畠瀬先生のカウンセリングです。僕と先生のつきあいはもう長く、15年以上になります。今の僕が45歳なので、人生の3分の1以上、先生の所属する関西人間関係研究センターに通って学ばせていただいています。

僕は30歳を過ぎたころ、自分が抱えたとても大きな問題について、畠瀬先生に相談していました。当時の恋人と結婚するかどうか、悩んでいたのです。実は僕は、それまでにも同じような恋愛の悩みを何度も何度も繰り返していました。それは僕の人生にとって、乗り越えるべきとても大きな壁でした。

その恋人とこれからもつきあい結婚するのか？　それともお別れするのか？　僕は答えが出せずにもがき続けていました。

そんな僕の話を、先生は余計な口出しは一切せずに、ずっと聴いていました。カウンセリングは複数回にわたり、長い長い、暗い時間を過ごしました。当時の自分にとっては、本当に暗く長いトンネルの中にいるようで、「ここから抜け出せる日などあるのだろうか」という気持ちになっていました。

この問題について相談した最後のカウンセリングのことは、録画でもしたかのようにしっかりと脳裏に焼き付いています。

予約時間をずいぶんオーバーしてしまったので、僕は暗い面持ちのまま、「先生、いつも長くなってしまって、すみません」といって席を立とうとしました。すると、先生は自分の喉仏のあたりに手のひらを水平に持っていき、**「やめておいたほうがいいって、ここまで出そうになっているわ」**とおっしゃったのです。

その言葉を聞いた僕は、なんだかすごく気が楽になって、思わずニコッと笑って「やっぱりそうですよね〜！」といっていました。

先生は、はじめて僕の相談を聴いたときからそう思っていたのでしょう。でも気軽に口を挟んでいい問題ではなかったし、僕が自分で考える機会を奪ってはいけないので、本当に熟慮に熟慮を重ねてくれたのだと思います。**僕の心の準備が整うのを、忍耐強く待ってくれた**のでしょう。実際、あれから10年以上経つのですが、その人と結婚しなくてよかったと本当に思います。

この一連のカウンセリングを振り返ると、一番難しかっただろうなと感じるポイントは、**僕の心の準備ができて機が熟したタイミングを、どうやって判断するか**、ということです。また、このときの先生の「やめておいたほうがいいって、ここまで出そうになっているわ」という言葉は、とてもうまい表現でした。

この表現の裏に、「本来、カウンセラーとして口を出すべきかどうか迷う。あなたもカウンセリングを学んでいるのだから、それは十分にわかっていると思う。でも、それでもこの問題に関しては、ほんの少し私の意見を伝えたほうがいいんじゃないかしら」というメッセージを感じたのです。

僕だったら同じようなメッセージを伝えるにしても、くどくどと説明し、「何度もお話を聴かせていただいたうえで、あくまで僕の個人的な感想なのですが、少し感じたことをお伝えしてもいいですか？」などの前置きをしてから話します。

それはそれで丁寧かもしれませんが、やっぱり先生の、喉仏のあたりに手のひらを水平に持っていき、「やめておいたほうがいいって、ここまで出そうになっているわ」という表現は、スマートかつ自然で、相談者に直感的に伝わります。たったひと言で、受容も共感も自己一致も伝わってくる、見事な表現だと思います。

先生は、僕が難しいカウンセリングを担当して、専門的知識や経験を必要としているときは、適切な助言をくれました。そして、このときのように、僕自身が何か問題を抱えているときは、しっかりと深く僕の話を聴いて、どれだけ沈黙が続いても、僕の思索を邪魔することはありませんでした。

先生のカウンセリングを受けて、僕は**「深く傾聴するという態度そのもの」が、ひとつの表現でありメッセージになっている**ことを理解しました。

「私はあなたの話を深く聴いて、しっかりと理解したうえで、あなたの考えを尊重できる形で、ほんの少しだけ私が感じたことも伝えてみたい。そのうえで一緒に考えていきたい」。相手の話に耳を傾けるという態度によって、それを表現しているのです。そんな傾聴の態度がなければ、どのような言葉を発したとしても、相手の心に届けることは難しいでしょう。

第3章

たどり着いた〈これからの傾聴〉
――ホープセラピー――

カウンセリングとは、希望を取り戻すこと

第1章では、カウンセリングの生みの親であるカール・ロジャーズの話、そして第2章では、その志を引き継いだ現代のカウンセラーたちによる素晴らしいカウンセリング事例をお伝えしました。これらを伝えることで、「傾聴」が小手先のテクニックではないということをご理解いただけたのではないかと思います。

そしてここからは、僕自身が20年にわたるカウンセリング経験の中でたどり着いた、**「自分の中に眠っている希望に気づくセラピー」**、名付けて**「ホープセラピー」**について解説したいと思います。

僕はこれまでに、1万件を超える相談を受けてきました。相談内容は「やりたいこと探し」を中心にさまざまでしたが、みなさんにひとつ、共通していることがあります。

カウンセリングのやりとりの中で相談者の方たちは、自分の希望を見つけた瞬間、顔がほころび顔に赤みが差し、それまでとは別人のように生き生きと目を輝かせはじめるのです。さっきまで生きる元気を失っていた人が、目の前でみるみる、生気を取り戻すのです。それはカウンセラーを続ける中で、何度体験してもうれしく、心が打ち震える瞬間です。

そもそも僕も、この本の中で紹介してきたように、自分自身がカウンセリングを受けることによって、人生に希望を見いだしてきました。

カウンセリングとは、希望を取り戻すことである。僕はそう感じています。カウンセリングを受けに来る人は、**希望を取り戻したくてやってくる**のです。だったら僕たちカウンセラーは、どうやったら相談者が希望を取り戻せるかを考えるべきではないか。少なくとも、悩み苦しんでいる人にとって希望がどれだけ大事なものか、強く主張する心理学があっていいはずです。いつしか、僕はそう考えるようになりました。

そんな思いから、僕は、希望について書かれている心理カウンセリングの本や論文を、何年も調べ続けました。ところが、ないのです。

「そんなバカなこと、あるわけないよな」

そう思いながら、心理カウンセリングの本をたくさん買い、読みあさりました。でも、やっぱりない。希望を持つことがカウンセリングにおいて、もっとも大事だという考え方が、どうしても見つからない。希望を見つけることができれば、人の心は元気になる。そんな当たり前のことが、カウンセリングの本をいくら探しても見つからないのです。

唯一、アメリカの精神科医のアーヴィン・D・ヤーロムが「集団療法の中でほかの人が元気になっていくのを見て、自分もよくなるかもしれないと希望を持てることが大事だ」という考え方を書いていましたが、それぐらいです。心理学者のミラーや、インスー・キムバーグ、イボンヌ・ドランも希望について書いていますが、それもほんの少しです。ほかに、複数の希望をテーマにした心理学の論文（巻末掲載）にも目を通しましたが、これらも希望とカウンセリングについて述べている部分はかなり少なく、希望を中心としたカウンセリングを提案しているわけではありませんでした。

「悩み苦しんでいる人にとって、希望が大事だなんてことはあまりに当たり前すぎて、もしかしたらみんな見逃していたのだろうか？」

僕はそう思いはじめました。この本を書くにあたって、改めてホープセラピーとは何か、と考えました。そのうえで、断言します。

カウンセリングにとって一番大事なことは、相談者にとってうそ偽りのない希望を見つけることです。

そして、僕が行き着いた**ホープセラピーとは、「相談者の中に眠っている希望に気づいてもらうための話の聴き方」**です。

ロジャーズがカウンセリングの神様なら、カウンセリングの歴史でもっとも天才、いや、奇才といわれるのが、ミルトン・エリクソンです。そのエリクソンは、こんなことをいっています。

「心理療法とは、患者に足りないものを与えることではない。また、患者が歪んだものを持っていて、その歪んだものを矯正することでもない。患者が既に持っているにもかかわらず、持っていることに気づいていないものを、どうやって患者自身が使えるようにしていくのか。そこを援助するのが心理療法である」※

僕の考え方は、これに近いです。

「相談者がすでに持っているにもかかわらず、持っていることに気づいていない希望を、どうやって相談者に気づいてもらうか。そのための話の聴き方」が、ホープセラピーなのです。

カウンセラーとしての「壁」から、ホープセラピーが生まれた

実をいうと、このホープセラピーは、僕自身のカウンセリングへの試行錯誤から生まれたものです。

僕が資格を取った20年前はカウンセラーの就職先がほとんどなく、ボランティアでさ

※『〈森・黒沢のワークショップで学ぶ〉解決志向ブリーフセラピー』森俊夫、黒沢幸子 著（ほんの森出版）2002.04

え年配の経験者たちで埋まっていました。当時は、「もしカウンセラーになりたいのなら、10年はボランティアで事務のお手伝いをして、顔を覚えてもらいなさい」といわれていました。でも、20代半ばだった僕にとって、10年は永遠といえるほど長く感じる時間でした。

当時の僕は消極的で引っ込み思案。人見知りで、いわれたことはきちんとやるけど、自分から何かをしたことなどひとつもない。そんな自分を顧みて、「ここで何もしなかったら今までと同じ人生の繰り返しだ。ダメ元でいいから、自分でカウンセリングのウエブサイトを作って無料でやってみよう」と思って、カウンセリングをはじめたのです。

そして、こう考えました。

「どうせどこも雇ってくれず、自分でやるしかないのなら、自分がこれからどんな働き方をしたらいいのか、わからずに悩んでいる人のカウンセリングをしたい」

本当にやりたいことというのは、ほとんどの場合がチャレンジングな仕事のことが多いです。それは芸術関係だったり、自分でお店を持つことだったり、起業に挑戦することだったりします。そして多くの場合、それは企業への就職や安定とは無縁で、厳しい道であることが多いです。つまり、地に足のつかない仕事なのです。やりたいことが見つかっても、その道に進むのは恐ろしい。でも、やりたいことでない仕事に就くのも、深く後悔しそうで恐ろしい。僕が社会人になりたての20年ちょっと前は、そんなことに苦しむ人が、少なくなかったのです。

そこで僕は「やりたいことがわからないというのは、人生の大きな悩みなのに、それを相談できるカウンセラーはいない。それなら思い切って『やりたいことを見つけるためのカウンセリング』をやってみよう」と考えました。

ところが、スタートしてさっそく壁にぶつかりました。

僕がカウンセリングを学んだ場では、「カウンセリングとはあくまで相手の心に寄り添うこと。だから、アドバイスをしてはいけないし、自分の意見もいってはいけない」とかなり強く教えられていました。※

でも、**実際のカウンセリングでは、聴くだけで終わることなど本当にごくわずか**です。相談者の方々から、「中越さんはどう思いますか?」「どうしたらいいのか、具体的なアドバイスをください」と意見を求められることがよくあったのです。「仕事を辞めたく

※実際は、ロジャーズは必要なら自分の考えを相談者に伝えていました。大人数の初心者向けスクールでは、相談者を質問攻めにしないよう画一的な指導をしたのだと思います。

て悩んでいるんですが、どうしたらいいでしょう？」とひと言ふた言話して、その後ずっと無言という方もめずらしくありませんでした。

相談者には、**「即効性のある答え」をもらえると思ってカウンセリングに来る人も多かった**のです。カウンセリングの勉強会でのロールプレイ（参加者がカウンセラー役と相談者役を行うカウンセリングの練習）とは全然違い、実際のカウンセリングの難しさに気づかされました。

また僕が「カウンセリングは長期的に行ってはじめて効果があるもの」と考えていたことも、実際の現場とのギャップを生みました。相談に来る人は、**「1回のカウンセリングで多少の方向性が見えるものだろう」と思っている人が圧倒的多数**だったのです。

働き方を考え直したい人というのは、休職や退職をしていたり、予定していたりします。そういう状況では、近い将来への強い焦りと心配があって当然。何度もカウンセリングに通う経済的な余裕もなく、少しでも早く解決したいと思うのも自然なことです。

家族にカウンセリングを受けていると知られたくない人がほとんどですから、家計からカウンセリング料金が出ることは、まずありません。料金は1回につき1万〜1万5千円はしますので、お小遣い制の会社員にとっては、かなり手痛い出費のはずです。

そうした背景もあって僕は、初回から「このカウンセリングを継続すれば、何か変わるかもしれない」となんらかの希望が持てるカウンセリングを目指すようになりました。

カウンセリングはオリジナルの考えにたどり着くためのサポート

前述した通り、ホープセラピーは「相談者の中に眠っている希望に気づいてもらうための話の聴き方」です。

僕がそういうカウンセリングを目指すようになった理由は、もうひとつあります。というのも、僕は28歳のときにはじめて本を出版したのですが、これが意外とカウンセリングの足を引っ張りました。

「本を出している有名なカウンセラーだから、何かすごいアドバイスをくれるはず」
そう思って相談に来られる方が、本当に多かったのです。何がまずいのかというと、僕のことを「すごいカウンセラー」とみなすことで、相談者が自分で考えるのではなく僕に「画期的な解決策」を求めてしまうことです。

それは**「自分で考え、自分なりのオリジナルの答えにたどり着く」**という、カウンセリングにとって一番大事な部分が失われてしまいかねない事態です。

それが何年も続いたことで、僕は「相談者の中に眠っている希望に気づいてもらうことが重要なんだ」とより強く意識するようになりました。

第1章のロジャーズと母親のカウンセリングのエピソードからわかる通り、心理学の知識だけで人の深い悩みを解決できることなんて、実はほとんどありません。どれだけ心理学的な知識で正しいことを伝えても、**その人自身の内面から出てきた答えでないと、ほとんどの場合、解決にはいたらない**のです。

相談者はカウンセラーの前では「素晴らしいアドバイス、ありがとうございます」といって部屋を出るかもしれません。しかし、家に帰ったら「あんなアドバイス、なんの役にも立たないよ」といわれてしまいます。

哲学者のパスカルは、「人はふつう、自分自身で見つけた理由によるほうが、他人の精神のなかで生まれた理由によるよりも、いっそうよく納得するものである[※]」といいました。カウンセリングの場でも同じです。どれだけ正しい答えでも、自分自身で見つけた答えでなければ、結局は納得して行動に移すまでにはいたらないのです。

逆にいえば、**「カウンセリングとは自分で考え、自分のオリジナルの答えにたどり着くためのサポート」**です。そしてそれこそが、ロジャーズ流のカウンセリング、傾聴の真髄なのです。

「はじめに」でもお伝えしたように、ロジャーズ以前の時代、フロイトが創始した精神分析では、精神分析家が患者の無意識を分析することによって治療を行っていました。権威である精神分析家が、患者に答えを与えていたわけです。

ロジャーズの手法はそれとはまったく真逆です。

カウンセラーが、外科手術をするように悩みを取り除くことは決してできない。その

※『動機づけ面接〈第3版〉上』ウイリアム・R・ミラー、ステファン・ロルニック著　原井宏明、岡嶋美代、山田英治、黒澤麻美 訳（星和書店）2019.02

ことを相談者に理解してもらうところから、傾聴ははじまるのです。

この傾聴のスタイルは、決して相談者を甘やかすわけではありません。むしろ、「カウンセラーの先生が解決してくださいよ」という過度な甘えには、毅然とした態度で向き合う厳しい側面を持っています。

「答えを探すのはあくまであなたです」「私はそのサポートをします」という態度を取ると、「あなたはカウンセラーなのに、何も答えをいおうとしない！」と、怒り出す相談者もいます。

でも、カウンセラーが相談者に対して**「あなたのどんな考えも気持ちも、絶対に否定も批判もしないから、あなたなりの考えや気持ちを教えてほしい」**という態度で根気よく接していくことで、相談者は変化していきます。第1章のロジャーズと母親のカウンセリングが、まさにそうでしたよね。

僕が生み出した「希望」を核とするホープセラピーは、ロジャーズのカウンセリングがもとになっています。認知行動療法や解決志向ブリーフセラピーなどの手法も取り入れていますが、基本はロジャーズの手法をもとに、さまざまな相談者の方々の悩みを聞いて、試行錯誤しているうちにできあがったものです。

科学の世界ではよく「巨人の肩に乗る小人」のたとえ話が語られます。ニュートンの万有引力の法則も、アインシュタインの相対性理論も、過去の偉大な科学者たちの発見が礎となって、それをさらに発展させる形で生み出されました。現在を生きる僕たちは、そうした過去の巨人たちが作り上げてきたものの上に乗って、現在の高度な文明の中で生きることができています。

僕にとってのホープセラピーもそれと同じです。ロジャーズの肩に乗った畠瀬直子先生、その肩に僕がさらに乗せてもらうことで、ホープセラピーは生み出されました。このホープセラピーを本書で知ってくださったあなたが、さらに希望をもとにした傾聴・カウンセリングを発展させてくれれば、これほどうれしいことはありません。

※認知行動療法…考え方や行動、身体反応から、心の問題を解決していく心理療法。
　解決志向ブリーフセラピー…できている部分に目を向け、問題解決を目指す心理療法。

ホープセラピーの原体験となった「暗い思い」

もうひとつ、ホープセラピーが生み出される原体験になった僕の思いを、ここでお伝えしておきたいと思います。

どうしても暗い話になってしまうのですが、僕は14歳くらいのころ、死にたくて仕方がありませんでした。理由は簡単で、家庭環境が悪かったのです。父がアルコール依存症になり、家の中は毎日お酒と暴力であふれかえっていました。

そんなとき、書店で『完全自殺マニュアル』（太田出版）を見つけて買いました。本を読み、友だちの家のマンションに行って、本に書いてあった高さを確かめ、柵に寄りかかる日々。しかし、その先の一歩を踏み出すことはありませんでした。

ただ苦しくて苦しくて、起きているときも寝ているときも、どうやったら楽に死ねるのだろうと考えていたことを覚えています。一生懸命そんなことを念じているのに、ちゃんとお腹が減ってしまうのですから、どうしようもありません。

そのころの自分は毎晩、布団の中で「心臓、止まれ。心臓、止まれ」と命令していました。それぐらいつらかったのですが、僕の心臓はちっとも止まる気配がありませんでした。そんな夜を繰り返しているうちに、あるときこんな考えが僕の頭に浮かびました。

「毎日毎日、死にたい死にたいと思っているのに、なぜ僕の心臓は止まらないんだろう。本当に心の底から死にたいと強く願えば、僕の心臓は止まるはずだ。にもかかわらず、ちっとも僕の心臓は止まる気配がない。ということは、もしかして僕の本当の心は、死にたいと思っていないのではないか？」

僕は、ずっと「死にたい」と思っているけれど、**僕の中にもうひとりいる『僕』は、死のうなんてまったく思っていない**のではないか、そんなふうに感じたのです。

人間は本当にショックなことがあると、一夜にして髪の毛が真っ白になってしまうといいます。しかし自分は、毎日ムカムカ吐き気はするけれど、髪の毛は黒いまま。心臓も動き続けている。ということは、そっちの**本体の『僕』はむしろ生きようとしている**のではないか。

こんなクソみたいな人生でも、生きたほうがいいと思っているもうひとりの『僕』の存在に気づいた僕は、「だったら、そっちの『僕』が見ている生きたほうがいい人生って、どんなものなのだろうか。実際に見てから死んでやろう」と考えるようになったのです。

不思議なことに、そこから少しずつ、僕は元気になっていきました。自分の中にいるもうひとりの自分は、こんなにつらく苦しい人生でも何かしら希望を持っている。だから、僕の心臓を動かし続けている。その希望がどんなものなのか、当時の僕にはわからなかったけれども、自分の人生にそういう希望があるという事実そのものが、僕に生きる元気を与えました。17歳になったころには、『完全自殺マニュアル』は押し入れの奥へと追いやられ、いつしか捨ててしまいました。

これは僕にとって、**希望が人の心を元気にするという、最初の深い経験**でした。そしてこの経験は僕がカウンセラーになってから、相談者の生命力を信じ、相談者自身がよくなる力を持っているということを信じるための、大きな礎になっています。

相談者がどれだけ絶望していても、相談者の『本体』はまだあきらめていない。だったら、まだ意識に上っていない、そのあきらめていない理由を一緒に見つけて言葉にしていきたい。**言葉として表現できた瞬間、それは希望の光となり、その人の持つ生命力が絶望の闇を切り開いていくのです。**

強制収容所で希望が果たしていた役割

「人間は、希望があるから生きられる」

そのことは、今から80年前に「この世の地獄」を生き延びた人物も語っています。

その人物とはヴィクトール・E・フランクル、ユダヤ人の精神科医です。彼は第二次世界大戦時に妻とともにナチス・ドイツのアウシュヴィッツ収容所に送り込まれ、解放後にそのときの体験を、『夜と霧』という本にまとめました。ご存知の通り、ナチス・ドイツはホロコーストで600万人にも及ぶ膨大な数のユダヤ人を虐殺しました。アウシュヴィッツ収容所では、1940年から1945年にかけて100万人ものユダヤ人が数ヶ月間の強制労働の後に、ガス室などで殺されたといわれています。

その地獄を生き抜いたフランクルは同書の中で、こんなエピソードを語っています。

一方の死に至る自己放棄と破綻、そしてもう一方の未来の喪失が、どれほど本質的につながっているかを劇的に示す事件が、わたしの目の前で起こった。

わたしがいた棟の班長は外国人で、かつては著名な作曲家兼台本作家だったが、ある日わたしにこんなことを打ち明けた。

「先生、話があるんです。最近、おかしな夢をみましてね。声がして、こう言うんですよ。なんでも願いがあれば願いなさい、知りたいことがあるなら、なんでも答えるって。わたしがなんとたずねたと思います？　わたしにとって戦いはいつ終わるか知りたい、と言ったんです。先生、『わたしにとって』というのはどういう意味かわかりますか。つまり、わたしが知りたかったのは、いつ収容所を解放されるか、つまりこの苦しみはいつ終わるかってことなんです」※

――――――

フランクルはそのFという名の彼に、「いつその夢をみたんですか」とたずねました。するとFは、「一九四五年二月」と、答えました。フランクルと彼がその会話をしたのは、同じ年の3月のはじめだったそうです。

フランクルは彼に、「夢の中の声はなんて言ったんですか」とさらに聞きました。相手はその質問に、「三月三十日……」と答えたそうです。つまりその人物は、3月30日に自分たちは収容所から解放される、と夢のお告げで見たとフランクルに語ったのです。

ところが、その夢は実現しませんでした。夢を語ったときには、十分に希望を持って正夢だと信じていたのですが、その後も戦況が変化する様子はなく、30日が近づくにつれて、解放される見込みはどんどん薄れていきました。

すると、3月29日、Fは突然高熱を発して倒れます。30日、戦いと苦しみが「彼にと

※『夜と霧』ヴィクトール・E・フランクル著　池田香代子 訳（みすず書房）2002.11／改行は著者

って」終わる日、Ｆは意識を失いました。そして31日、Ｆは死にました。死因は発疹チフスでした。フランクルは続けてこう書いています。

勇気と希望、あるいはその喪失といった情調と、肉体の免疫性の状態のあいだに、どのような関係がひそんでいるのかを知る者は、希望と勇気を一瞬にして失うことがどれほど致命的かということも熟知している。仲間Ｆは、待ちに待った解放の時が訪れなかったことにひどく落胆し、すでに潜伏していた発疹チフスにたいする抵抗力が急速に低下したあげくに命を落としたのだ。未来を信じる気持ちや未来に向けられた意志は萎《な》え、そのため、身体は病に屈した。そして結局、夢のお告げどおりになったのだ……。

この一例の観察とそこから引き出される結論は、わたしたちの強制収容所の医長が折りに触れて言っていたことと符合する。医長によると、この収容所は一九四四年のクリスマスと一九四五年の新年のあいだの週に、かつてないほど大量の死者を出したのだ。これは、医長の見解によると、過酷さを増した労働条件からも、悪化した食糧事情からも、季候の変化からも、あるいは新たにひろまった伝染性の疾患からも説明がつかない。

むしろこの大量死の原因は、多くの被収容者が、クリスマスには家に帰れるという、ありきたりの素朴な希望にすがっていたことに求められる、というのだ。クリスマスの季節が近づいても、収容所の新聞はいっこうに元気の出るような記事を載せないので、被収容者たちは一般的な落胆と失望にうちひしがれたのであり、それが抵抗力におよぼす危険な作用が、この時期の大量死となってあらわれたのだ。

すでに述べたように、強制収容所の人間を精神的に奮い立たせるには、まず未来に目的をもたせなければならなかった。

このフランクルの話は、希望が命に直結するほど、人間にとって重要であることを教えてくれます。強制収容所のような**絶望的な場所でも、命がある限り、希望を生み出すことができる**。そのことは、生きるうえでの大きな支えになるのではないでしょうか。

第4章

生命的叡智の証明
――僕たちは必ず希望を宿している

僕より僕を知っている『僕』のこと

第3章では、どんなに絶望的な状況にあっても、人の中にいるもうひとりの『自分』は、生きる希望を持っている、という話をしました。

僕の中にいる『僕』のほうが、何が正しい選択なのかをよく知っている――そういう感覚を、ロジャーズは**「実現傾向」**と呼びました。ロジャーズは、**「生命体そのものが進むべき道を知っている」「生き物は生まれながらに、問題を解決する力を持っている」**と考えたのです。

僕たち現代人は悩み事の答えを出すとき、言葉で説明できるような理由を考えようとします。それには、僕たちが子どものころから、「何が嫌なのかきちんと説明して」と大人からいわれ続けてきたという背景があります。

でも多くの場合は、「自分でもよくわからないけど、なんだか嫌だ！」というのが本音です。何が嫌なのか、自分でもうまく説明できないのです。それは子ども時代だけでなく、大人になってからもよくある話です。

心理学では、このまだ言葉にならない感覚を、自分の中で消化・理解し、それを**言葉として表現できるようになったとき、ほとんどの悩みは解決する**と考えます。

では、カウンセリングの場面では、その自分でうまく説明できない「なんだか嫌だ」という感覚をどのように扱っていくのでしょうか。

ロジャーズの「ジャガイモのたとえ話」

参考になるのが、ロジャーズがよくいっていた「ジャガイモのたとえ話」です。以下に引用しますが、カウンセラーなら誰でも知っているくらい有名な話です。

少年時代冬期に食用とするジャガイモを入れていた地下室の貯蔵庫を思い出します。それは小さい窓から二メートルも地下に置かれていました。条件は全くよくないのにジャガイモは芽を出そうとするのです。春になって植えると出てくる緑の健康な芽とは似ていない青白い芽を出すのです。

この悲しいきゃしゃな芽は窓からもれてくる薄日に届こうと、六〇センチも九〇センチも伸びるのです。この芽は奇妙な形ですし無駄ですが、私の述べてきた生命体の基本的志向性の必死の表現と見ることができます。それらは決して植物とはならないでしょうし、成熟もせず、可能性を開花することはないでしょう。けれども、逆境にあってそれらの芽は成長しようともがいているのです。生命は、たとえ開花しそうになくともあきらめることはできません。

恐ろしくゆがんでしまった人生を持つ来談者と面接しながら、州立病院にもどってきた人々と面接しながら、私はよくあのジャガイモの芽を思い出します。これらの人々は異常で、ゆがみ、人間らしくない人生を展開させてしまったひどい状況にいます。けれども、彼らの中にある基本的志向性は信頼することができます。

彼らの行動を理解する手がかりは、彼らは彼らに可能な方法で成長と適応に向かってもがいているという事です。健康な人間には奇妙で無駄と思えるかも知れないけれど、その行為は生命が自己を実現しようとする必死の試みなのです。この前進的傾向が人間中心アプローチの基底なのであります。※

ここでいう「生命が自己を実現しようとする必死の試み」「前進的傾向」が、先ほどご紹介した「実現傾向」です。ロジャーズは、生命が実現傾向を持っていると信じることを「有機体を信じる」といいました。有機体とは、植物や単細胞生物から僕たち人間まで、生命活動ができる生き物すべてのこと。つまりロジャーズは、**「すべての生き物は生まれながらに問題を解決する力、実現傾向を持っている」**と考えたのです。

もしかしたら、この考えを不思議に思う方もいるかもしれません。いや、実は僕自身も、ロジャーズ流の心理学を学びはじめたころは半信半疑でした。「僕たち人間はまだ

※『人間尊重の心理学』カール・ロジャーズ著　畠瀬直子 訳（創元社）1984.12

しも、単細胞生物や植物までが実現傾向を持っているなんて、本当かな〜」と思っていたのです。

でも、長いカウンセラー経験や実体験のうえで、今ではこれが真実だと確信しています。そしてそのことが、僕が傾聴を続けるうえでの大きな支えになっています。

相談者がどれだけ絶望的な状況でも、「大丈夫、この人の中にはまだ生きる希望がある！」と確信しているからこそ、カウンセラーとしての軸をブレさせずに、じっくりと耳を傾けることができるのです。

傾聴は内なる希望に気づかせる手段

このように、**実現傾向＝「相談者自身が問題解決できる」を確信していることが、傾聴のためにはもっとも大事**です。この実現傾向について、みなさんの理解を深めていただくために、第3章でもお伝えした僕の中にある実現傾向の話をしたいと思います。

僕が死にたい、死にたいといくら頭で考えても、心臓は勝手に動くしお腹もすいてしまう。これはもっと生きようとする僕の実現傾向が働いていたからです。

本当は誰もが、自分の中に封印しているだけで、心の奥底ではなんとなく自分が進むべき道を感じてはいるのです。でも、感じているだけでなかなか言葉にすることができません。そのため、自分が進むべき道を知っていることにすら気づけません。特に「きちんと自分の言葉で説明しなさい！」などと急かされると、不安や焦りから、本当は自分が感じている進むべき道がどんどんとわからなくなってしまいます。

でも、温かい雰囲気の中で誰からも否定や批判をされずに、ゆっくりと**自分の素直な気持ちを表現できる環境におかれたとき、それまで見えなかった自分の進んでいく道を、ちゃんと直視できるようになります。**

ここまでにご紹介してきた傾聴の場のように、どのような話をしても否定や批判的な態度をみじんも感じさせずに受け入れてもらえると、自分の実現傾向が示している進むべき方向性を、ぽつり、ぽつり、少しずつ言葉にできるようになるのです。

悩んでいるときの人間は、自分自身の感覚に対して、いろいろな不安を抱えます。

「自分なんかの考えなんて当てにならない、だって世間一般では違う考えだ」

「専門家の指示を無視して自分の感覚で進めて失敗したら、すごく情けない」

「自分で考えて失敗したのだから、自分の考えなんてくだらないに違いない」

そういう不安を抱えていると、その人が本来持っている実現傾向を、封印してしまうことになります。


14歳のときの僕の心臓が止まらなかったのは、「まだこの人生になんらかの可能性がある」と僕の実現傾向が知っていたからです。そして同時に僕は、「自分がこの人生をよりよいものにしようと思うのなら、このような環境や生い立ちであっても、自分なりに道を切り開いていかなければならない。たとえ14歳であろうとも、自分の力で向き合わなければならない」という茨の道にも気づいていたのです。

しかしそんな厳しい道を歩みたいとは、なかなか思えません。そんなしんどくて大変で苦悩に満ちた茨の道を歩むなんて、自分には到底無理なこと、不可能なことだと思ってしまいます。

だから僕は、心臓を動かし、お腹を減らすことで自分の実現傾向が教えてくれている自分の人生の可能性を封印して、「死にたい」と思っていたのです。死んでしまえばそんな茨の道を歩む苦労は、もうしなくてもいいのですから。

それでも、実現傾向のほうが『僕の本体』であることに、僕は気づくことができました。そのためには、14歳の僕がどれだけばかげたことや荒唐無稽な考えを披露しても、決して否定も批判もせずに、僕の人生への考え方を温かく受け入れてくれる環境が必要だったのです（僕の場合は、当時の家庭教師の先生が、その役割をしてくれました）。

植物が成長するには水と太陽とよい土が必要なように、人間が成長するには決して否定も批判もされずに、その考えを温かく受け入れてくれる安心で安全な人間関係が必要です。

だからこそ傾聴の場では、相談者の中に眠っている問題解決能力を聴き手が信じ、その能力をうまく発揮できるように、**相談者にとって安心・安全な心理的環境を作り上げていきます。相談者の話に耳を傾けるのは、そのための手段**にほかなりません。

「僕たちカウンセラーは、どのようなことをいっても決して否定も批判もしない。あなたの考えを第一に尊重する。だから、あなたの考えを教えてほしい。いや、あなたの感じている感覚を教えてほしい。僕があなたの本当の味方になるために、あなた自身の感覚を包み隠さずに教えてほしい。そのうえで一緒に考えていくことが、何よりも近道だと思うから」

そういう雰囲気を作るために、僕たちは傾聴します。傾聴によって相談者と深い人間関係を築き上げることで、**相談者自身も気づかないでいた本当の気持ちにやっと気づくことができる**のです。

最近、ビジネスマン向けの研修で、心理的安全性というキーワードが人気です。心理的に安心で安全できる職場では、本当の意味でなんでもいうことができる。そのほうがビジネスマンは職場への満足度が上がってパフォーマンスを発揮できる。その結果、企業の業績もよくなる。そんな心理的安全性は、ロジャーズ流のカウンセリングととてもよく似ています。いや、ロジャーズがはるか昔に先取りしていた考えが、やっとビジネスの世界でも取り入れられてきたのでしょう。

ただ、ロジャーズ流の本当の傾聴を身につけるのは、なかなか困難です。そして、そういうカウンセリングは時間がかかります。何よりも、相談者が深く深く悩んでいるときほど、心が何を考え、何を感じているのか、よくわからなくなってしまうものです。**深い悩みほど、自分の気持ちを整理して言葉にするのが難しい**のです。

それだけでなく、相談者の中には、どうしても自分の感覚をうまく言葉にするのが苦手な人がいることも、長いカウンセリングの研究の中でわかってきました。

身体に語ってもらう「フォーカシング」の技法

そこで、ロジャーズの教え子であり共同研究者であったジェンドリンは、「フォーカシング」という技法を作りました。フォーカシングについて専門的に話し出すとキリがないので、簡単にざっくりと説明します。

フォーカシングとは、自分自身の身体感覚にしっくりくる言葉をゆっくりと慎重に選び、頭ではなく身体感覚に語ってもらうという技法です。頭で考えるといろいろな思考が邪魔をして、自分自身の実現傾向に気づけない。でも、身体の感覚はもっと正直で、実現傾向が心の奥底から、僕たちにさまざまなメッセージを伝えてきてくれています。

こう説明しても、フォーカシングがどのようなものか、具体的なイメージが湧きづらいと思います。そこで、僕自身が体験したフォーカシングのお話をしたいと思います。

僕が30歳を過ぎた、今から十数年前のことです。そのころの僕はカウンセラーとして独立して数年が経ち、自分のカウンセリングで満足してくれる相談者も少なからずいました。でもあるとき、「話を聴いてくれてスッキリはしましたが、結局、明日からどうすればいいのかわかりません」と、相談者からズバッといわれたことがありました。

それを聞いて僕は、「そりゃ、そうやんな。カウンセリングは、ゆっくり時間をかけるのが大事といっても、お金を払って相談に来る側からしたら、もう一歩前に進める何かが欲しいのも当然やんな」と感じました。それで、認知行動療法や解決志向ブリーフセラピーなどを、自分のカウンセリングに少しずつ取り入れていこうと考えました。

そんなときに出会ったのが、関西大学の池見陽《あきら》先生のフォーカシングです。日本産業カウンセラー協会の講座で受けたのですが、これがすごく面白かったのです。また、僕の憧れであるロジャーズの流れをくむカウンセリングというのも、僕にとっては大きなモチベーションになりました。

そこで実際にフォーカシングを実践している専門家の方に、相談してみようと思いました。カウンセリングは体験学習。実際に自分で受けてみないと、身につかないのです。その講座でスタッフとして参加されていた方が、個人でもセラピーをされていたので、思い切ってフォーカシングを受けたいと声をかけました。

そのときのセラピストさんのお名前を覚えていないのが残念ですが、僕にとっては衝撃的な体験になりました。細かい手順を説明すると、あまりにも長くなってしまうので、ざっくりとした説明になりますし、なるべく専門用語を使わずにお伝えしたいので、少し正確ではないかもしれませんが、そのときのことをお話ししようと思います。

自分でも気づかずに、ぽろぽろとこぼれた涙

まずはセラピストさんからサポートを受けながら、フォーカシングを進めます。

「今、気がかりになっていることを、頭の中に思い浮かべてください」

気がかりはいくつもあったので、ひとつひとつ頭の中に思い浮かべていきます。

「その中で、今一番気がかりなこと、今向き合ってみたいと思っているものを選んでください」


これは、最初から僕の中で決まっていました。最近、もっとがんばりたいのだけれども、なんだかがんばれなくなっている自分がいる。昔ほど、燃えるようなやる気が出なくなっていることが、気になっていました。そのことについて、僕はもう1年以上、どうしたらいいのか悩んでいました。

「そのことを思い浮かべたとき、あなたの身体はどのような感じがしますか？」

僕は胸の上、喉の下、ちょうど「胸に手を当てて考えなさい」といわれたときに、手を当てるような場所。その辺がなんだかモヤモヤするような感じがしました。

「なんだか、この辺がモヤモヤする感じがします」

「その感じはモヤモヤする、でしっくりきますか？　それとも、もっとしっくりくる言葉がありますか？」

僕は目をつぶって、胸の上のほうにあるモヤモヤした感覚をもっと感じて、言葉にしようと集中しました。

「う〜ん、モヤモヤというよりドロドロ……。粘ついたドロッとした感じです」

「粘ついたドロッとした感じ？」

「そうですね。う〜ん、変なたとえですが、アスファルトの工事をするときのコールタールのような……」

「コールタールのような粘ついたドロッとした感じ？」

「はい。そう、コールタールのような……」

そこまで話した時点で、僕の頭の中に飛行機のエンジンのようなものが思い浮かびました。そのエンジンには、コールタールのような、ねばっとした黒いドロドロした汚れがびっしりとこびりついています。

僕の胸の上のほうに、何年も何年も整備や掃除をしてもらっていない、古びたぼろい中国料理店の換気扇が巨大化して飛行機のエンジンになったような、そんなドロドロのネバネバの真っ黒な汚れがびっしりとこびりついたものが見えました。それを見た瞬間、僕の目からぽろぽろと涙がこぼれました。

僕は古い男性像をどこかで持っていて、自分がカウンセリングを受けているときも、ほとんど泣くことがありません。泣きたくなったとしても、それをこらえようとしてしまいます。そんなことを気にせずに、思う存分、泣いていいのがカウンセリングなのに。それでもこのときは、もう気づいたときにはぽろぽろと涙がこぼれていました。

そしてすぐに、「このドロッとした真っ黒いコールタールのような汚れは、僕の心の疲れだ。ああ、そうか。僕はこんなにも疲れていたのか。ちゃんとこの子を掃除してあげなければ……」と思いました。

封印していた自分の思いに気づく

僕は27歳という若さで民間カウンセラーとして、独立開業しました（僕が国家資格である公認心理師を取ったのは、40歳を過ぎてからです）。当時は、民間資格のカウンセラーはもちろん、臨床心理士ですらなかなか食べていけない時代でした。

でも僕は、「死ぬまでに一回でいいから、練習ではない本物のカウンセリングをしてみたい」。そう思って自分でウェブサイトを作り、ブログやメールマガジンを書いて独立開業しました。その当時は、ブログやメールマガジンがこの世にできてすぐのときだったので、カウンセラーが情報発信することはまだめずらしい時代でした。そんな状況もあって、僕は独立開業してすぐに、本を出版する機会をいただきました。「奇跡が起きた！」。僕は舞い上がって喜びました。

大学や大学院で心理学を専攻したわけでない僕が、カウンセラーとして食べていける。それどころか出版の依頼が来た。それは本当に、奇跡のような現象でした。それからもありがたいことに、1冊書けば次の本の依頼が来る。そういう状況が何年も続きました。日々のカウンセリングも、ブログとメールマガジンさえ書いていれば、次々と予約が入りました。僕は当初の目標である、「死ぬまでに一回でいいから、練習ではない本物のカウンセリングをしてみたい」よりも、はるかに大きなものを手に入れました。

……でも、手に入れると今度は、それを失うことが怖くなったのです。

「自分みたいに民間で勉強しただけのカウンセラーが、こうやって仕事をもらえているのは奇跡のようなもの。そんな奇跡はいつ失われたっておかしくない」。そういう不安が、僕の中にはずっとありました。

僕は、自分の人生に起きた奇跡を失ってしまう不安から、休まずに働き続けました。気づいたら何年も何年も、まともな休みを取らずに働き続けていました。

本を書くのもカウンセリングをするのも、楽しくやりがいがあったのも事実です。でも、だからこそ、自分の疲れに気づくことができませんでした。いや、僕は頭の中のどこかで、こう考えていたのです。

「自分がやりたくてはじめた仕事だから、しんどいなんていってはいけない」
「この仕事はやりたくてもできない人がほとんどなのに、つらいなんて甘え」
「しんどい、疲れたといって断ったら、もう仕事が来なくなるかもしれない」

そういう考えから、休むことが怖くなってしまっていたのです。

でも、フォーカシングを受けて自分の胸のあたりに、黒くてドロドロした粘りっこいコールタールがこびりついた飛行機のエンジンが見えたとき、いかに自分自身に無理をさせていたのか気づきました。これでは、思いっきり走れなくて当然だ。思いっきり飛べなくて当然だ。この汚れきったエンジンを、きれいにきれいに掃除してあげたい。今までがんばってくれてありがとうという感謝とともに、ぞうきんで何度も何度も拭いて、ピカピカになるまで掃除してあげたい。

そう思うと、ぽろぽろと涙がこぼれてしまったのです。そして、「これからはしばらく、ゆっくりと自分自身を休ませてあげよう」と思いました。

「内臓感覚」に耳を傾け、身体に答えを聴く

さて、つい自分語りが長くなってしまいましたが、ここで驚きのポイントがあります。ちゃんと読み返してみるとわかるのですが、この時点では僕はセラピストさんに対して、「自分が何で悩んでいるのかすら話していない」のです。

つまり、相談内容を話していないのに、胸のあたりがモヤモヤするという**身体感覚を、よりしっくりくる言葉になるように丁寧に時間をかけて表現していくだけで、問題が解**

決したのです。

それは**僕の身体そのものが、答えを知っていた**ということです。ロジャーズの「有機体を信じる」とは、「命の働きである身体そのものが、すでにちゃんと進むべき道を知っている」ということです。身体そのものが答えを知っているので、ロジャーズは「内臓感覚」という言葉も使っていました。

イギリスの著名な心理学者であるミック・クーパーは、ゲームばかりしている自分の息子に対して、「あの子はずっとゲームをしているが、オレは心配していない。女房は止めさせたいと思っているが、オレはRogers（著者注：ロジャーズ）の実現傾向を信じている」※といったそうです。

ファミコン世代の僕にとっては、このクーパーの言葉はとても納得がいくのです。僕自身もゲーム大好き少年で、小学生から大学生までゲームばかりして過ごしました。今でもゲームは素晴らしい文化だと思っていますし、ゲーム会社に就職することも、プロゲーマーになることも素敵な人生のひとつだと思います。

※『「深い関係性」がなぜ人を癒すのか』デイブ・メアンズ、ミック・クーパー著　中田行重、斧原藍 訳（創元社）2021.09

ただ、多くの場合、大人になるにつれてゲームより大事なものができて、自然と離れていくものです。僕は大人になってから心理学とカウンセリングを学びはじめて、自然とゲームから離れていきました。今でもゲームは大好きで、休みの日はゲームをして過ごします。素晴らしい趣味だとさえ思っています。でも、自分が人生をかけてやるべきことがゲームかといわれたら、僕にとってそれは違うと、なんとなく感じたのです。

それは決して頭で考えたのではなく、ぼんやりと僕の身体の中から湧き上がってくる感覚で、理屈では説明できないものでした。カウンセラーになって本を出してから、インタビュアーや相談者から「心理学だけでなくゲームも好きだったのに、なぜゲームの道に進まなかったのですか？」と質問されたことが、何度かあります。でも、これって言葉や理屈では、とても説明できないものです。

本来、**心や感情というのは、そんなふうに「なぜ？」と理屈で説明できるものではなく、ぼんやりと身体のどこかで感じるもの**なのです。

僕たちカウンセラーは、こういう「生命体そのものが答えを知っている」ということを、体験的によく知っています。特にロジャーズの流れをくむカウンセリングを学んだ人は、前述のジャガイモのたとえ話を何度も聞かされています。

しかし、何度聞いても、体験しても、このことが不思議でしょうがないのです。ロジャーズ流の心理学やカウンセリングが大好きで、それを学んだ僕でさえ、不思議で仕方がありません。

ロジャーズの言葉通りに受け取るのなら、まるで「ジャガイモに心があり、ジャガイモが知恵を働かせて自分が進むべき道を歩んでいる」かのように聞こえます。

「ジャガイモに知恵があるって？　本当に？」。僕はこれをたとえ話として受け取るのか、実際にすべての生命体には知恵があり自分で問題を解決する力を持っているのか？ ロジャーズの言葉をどう受け止めればいいのか、何年も悩み続けていました。

だって、僕の世代は「感覚でものをいうな」といわれて育ってきました。感覚ではなく、いかに理路整然と論理的に説明できるかで、正しい、間違っていると判断されて生きてきたのです。ロジャーズは、「ジャガイモに知恵がある」という話の根拠について、論理的な説明を残してはくれませんでした。

ロジャーズの考えと、今の世間一般の常識。いったいどちらが正しいのだろう。僕は何年も何年も考えました。その結果、僕はひとつの答えにたどり着きました。
僕はここではっきりと断言します。

「あらゆる生命体は、心を持っている。それだけでなく、叡智と呼ぶべきものを持っている。目に見えない小さな単細胞生物でさえ、叡智を持っている。そういう叡智は、僕たち人間がどれだけ脳みそを働かせて論理的に考えてもたどり着けない答えに、いとも簡単にたどり着いてしまう。いや、自分の**生命全体で感じることを忘れ、頭でばかり考えるからこそ、僕たちは悩み、迷い、苦しんでしまう。**

でも、僕たち人間も生命体のひとつであり、そういう叡智を生まれながらにちゃんと持っている。その生命体が持っている**叡智を取り戻すことができれば、この人生のあらゆる悩みを解決することができる。**少なくとも、今の自分がどうすればいいのかという道を、感じ取ることができる。それだけで僕たちは、十分に満足して生きていくことができる。僕たち生命体は、生まれながらにそういう叡智を持っている。

それを僕は、『生命的叡智』と呼ぶことにする」

さて、ドンと大きく出てやりました。僕は今まで、有名な心理学者の理論を紹介することはあっても、自分なりに考えた理論を書いたことはありませんでした。カウンセリングの神様、カール・ロジャーズの実現傾向を、僕は「生命的叡智」という言葉で再定義しようとしているのです。僕にとってはすごく勇気のいる提言です。

僕の生命的叡智と、ロジャーズの実現傾向は、ほぼ同じものといえるでしょう。それなのに、あえて別の名前をつけた理由のひとつは、実現傾向という言葉がビジネスで使われる単なる目標達成と同じ意味として、よく一般の人に勘違いされるためです。

また、ロジャーズが唱えた実現傾向＝「すべての生き物は生まれながらに、問題を解決する力を持っている」という考え方は比喩ともとれる表現です。前述のように、この「すべての生き物」には、単細胞生物までも含まれているのですから。ですが僕はこれを、単なる比喩ではなく、真実であること、実際に人間のみならず、植物、虫、単細胞生物にいたるまで、すべての生き物が「進むべき道を知っている」ことを、最新の科学研究から「論理的に」証明していきたいと思います。しかも、進むべき道を知っているのは僕たち生命体の「身体」です。ロジャーズが「内臓感覚」と名付けた通り、頭ではなく身体が知っているのだ、ということも、ここで証明していきたいと思っています。

なぜなら、**「生命体そのものが進むべき道を知っている」と心の底から信じることが、傾聴するうえでは大きな支えになる**からです。そうでなければ相手の話に耳を傾けることなどできず、相手の考えを安易に否定したり、よけいなアドバイスをしたりしてしまいかねません。

第三者が頭で考えたアドバイスより、相談者の身体にある「生命的叡智」のほうが本人の進むべきよりよい道を指し示せる、そのことを確信していただきたいのです。

でも、この話を心の底から確信するのって、すごく難しいと思います。

みなさんにご納得いただけるように、字数の許す限りたくさんの例をご紹介します。

少し長くなってしまいますが、ぜひおつきあいください。

生命が持つ本能的な叡智

まずは、共感していただきやすい身近な話からお伝えしたいと思います。

僕は毎年、夏になると不思議な経験をしていました。なぜだか身体がだるくなり、ポテトチップスが食べたくなるのです。それも、うす塩かのり塩のような、はっきりとした塩味のものを。普段は甘いお菓子が好きで、しょっぱいスナック菓子はあまり食べないので、ずっと不思議に思っていました。

ある日、テレビの情報番組で「夏は汗で塩分不足になるから、水だけでなくスポーツドリンクを飲んだほうがいい」という情報を目にして、「これだ！」と思いました。塩分控えめの食生活をしていた僕の身体は、40℃近い酷暑の中で水や麦茶、アイスカフェラテしか飲まなかったために、塩分不足になっていたのです。いつも買っていたミネラルウォーターをスポーツドリンクに変えると、すっと体調がよくなりました。さらにドラッグストアで塩タブレットを買ってみると、一気に身体のだるさがなくなりました。

このエピソードからわかるのは、僕が「夏は塩分不足になりやすい」という情報を頭に入れるより先に、僕の身体が、「お前の身体には塩が足りていないぞ。もうちょっとしょっぱいものを食べろ」と、教えてくれていたということです。

もちろん「テレビで観る前に、どこかで夏は塩分摂取が大事だと聞いたことがあったんじゃないか」という反論もあるでしょう。僕自身も最初はそう思いました。

しかし、どうやら**僕たち動物の身体は、頭よりも「頭がいい」**側面があるようなのです。そのことは、ヤングという心理学者がネズミを使って行った「カフェテリア実験」からもうかがうことができます。

カフェテリア実験では、ネズミをわざと特定の栄養素が足りない特殊な飢餓状態にします。そして、ホテルの朝食バイキングのように、自由にエサを選べるようにします。そうすると驚くことに、ネズミは自分に足りていない栄養素のあるエサを選ぶのです。

ちなみにこれは、離乳直後の人間の幼児でも同じような現象が見られるそうです。ネズミや幼児に、栄養に関する知識などあるはずがありません。あらゆる生き物には、生きていくために自分の身体に足りないものを補い、いつも同じ状態を保とうとする働きがあり、それをホメオスタシス（生体恒常性）といいます。このネズミの実験は、まさにホメオスタシスを証明するものとして有名です。

そのほかにも興味深い例として、奈良の鹿が鉄分不足になると、夜な夜な電車の線路を舐めに来るという話があります。そのせいで線路に不良が出て、近鉄電車が整備しなければならなくなったというニュースを、関西の情報番組で見たことがあります。

大脳のないダンゴムシが見せる「知性」

もしかしたら、「『ホメオスタシス』は、体温や体調のような『身体の状態を一定に保とうとする機能』でしょ。でもそれだけで、『生命的叡智がある』とはいいきれないのでは？　僕たちがぶつかるトラブルはほかにもたくさんあるし、もっと複雑なんだから」という声もあるかもしれません。そこで今度は、ダンゴムシの話をしたいと思います（ダンゴムシだって、「あらゆる生命体」のひとつです）。

ダンゴムシの特徴のひとつは、大脳がないことです。

大脳がないと、考えることはできないのでしょうか？

僕たちは、脳がすべてを考えている、身体の指令室だと教わってきました。そのため、先ほどのネズミの話でいえば、「栄養の知識はなくとも、ネズミの脳の知られざる部分が、自分に足りない栄養素を求めたのではないか？」、そんなふうに考えるのも無理はありません。脳のことを僕たちの社会では、すごく重要なものとみなしています。ずいぶんと前ですが任天堂のゲーム機で、脳を鍛えるゲームが大流行し、子どもから高齢者まで脳を鍛えたくらいです。

でも、本当に脳だけで考えているのでしょうか？　僕はここ数年の勉強で、最新の研究ではそうは考えられていない、ということを知りました。

そこで出てくるのが、先ほどの「大脳がない」ダンゴムシです。

みなさんも、子どものころに一度はダンゴムシに触ったことがあると思います。ダンゴムシはその名の通り虫のように見えますが、実は甲殻類です。そして、哺乳類のような大脳を持っていません。ところが、ダンゴムシは明らかに「考えている」ように振る舞うのです。

ダンゴムシの驚くべき適応能力

信州大学の森山徹博士の研究によると、ダンゴムシは丁字路の連続した迷路に入れると、ジグザグ歩行（交換性転向）をします。わかりやすくいうと、一度壁にぶつかって右に曲がると、次に壁にぶつかったときは左に曲がるのです。これはヒトからゾウリムシまで、幅広い動物種に観察される現象で、捕食者からの「逃避」に役立つそうです。

さらに森山博士は「多重丁字迷路」という、いくらジグザグ行動をしても絶対に脱出できない迷路を作りました。ターンテーブルを使って、ダンゴムシがジグザグ歩行するたびに、迷路をくるくる回し、ずっと出られなくしたのです。するとそのうちに数匹が、「変則転向」と呼ばれるジグザグ歩行以外の行動を取るようになりました。左に2回連続で曲がったり、道を引き返したりするのです。

ジグザグ歩行を何度繰り返しても、出口にたどり着けない。かといって立ち止まったら、捕食者に捕まってしまうかもしれない。

そんな「未知の状況」の中でダンゴムシは、なんらかの「知性」を働かせ、本能にプログラムされているジグザグ歩行以外の行動を取ったと考えられるのです。別の言葉でいえば、ダンゴムシは「自分なりに考え、試行錯誤した」のです。

これは、先ほどの「ホメオスタシス」のような、身体にあらかじめ組み込まれたプログラムの例とは明らかに異なります。そのプログラムでは解決できない「未知の状況」で、プログラムを逸脱した叡智を、ダンゴムシが見せたのです。

それどころか研究を続けていくうちに、ダンゴムシが「壁登り行動」という自然界ではまずしない行動までするようになりました。ダンゴムシは乾燥に弱い生き物なので、湿度の低い高所への移動は命に関わります。それにもかかわらず、未知の状況では壁登り行動を起こしたのです。

さらに驚くべきことに、ダンゴムシは水に弱いにもかかわらず、水包囲アリーナという水の堀に囲まれた「未知の状況」に置かれると、なんと自分から浸水し、脚をばたつかせて向こう岸まで泳いだのです。また、触覚にチューブをつけると、それを道具のように使って、普段なら降りられない高さから降りることもできたそうです。「大脳がない」ダンゴムシが、実験で見せた驚くべき環境への適応の数々。それを知ると、ダンゴムシに「知性」がないとはいえないと感じます。

もちろん、ダンゴムシは言葉を話したり、計算したりはしません。その知性は、明らかに人間の知性とは違います。しかしダンゴムシも、自分の命の危険が迫れば必死でその場から逃げ、**より生存確率が高いほうを選び、生き延びるために努力する**のです。

森山先生は、ダンゴムシにもしっかりとした知性、心があると明言されています。そう、ダンゴムシにも生命的叡智があるのです。

大脳のないダンゴムシが生命的叡智を持っているのならば、「ダンゴムシの生命的叡智は、大脳以外の場所に存在している」ということになります。

そしてここからは、僕たち人間の生命的叡智も大脳以外の場所、つまり身体にある、ということを証明していきたいと思います。

先ほどお伝えしたフォーカシングのように、つらい、悲しい、などの感情は身体がよく知っています。**頭で考えて論理的に導き出した結論よりも、身体で感じている感情にしたがったほうがその人のためになる。**そういう場面を、僕はカウンセラーとして何度も見てきました。

頭で考えて出る結論は、合理的で、社会的に正しいものかもしれません。でも身体は「それは違う！」と叫んでいる。ここで「自己の不一致」が起きているのです。だから人は悩んで、苦しむ。そういう方がカウンセリングルームを訪れたとき、僕はただただ、その人の身体に宿っている生命的叡智の存在を信じて、話を聴きます。

この本を読む方にも、**傾聴する際には、相談者が身体で感じていることを尊重し、身体にある生命的叡智の存在を信じて、話を聴いてほしい**と思うのです。

生命的叡智は身体にある、ということをお伝えするため、次は「第二の脳」ともいわれる腸、内臓の話をします。

ここからも、すごく面白くて興味深いのですが、少し専門的な内容になります。

傾聴の話を先に読みたい方は、「あらゆる生命体は生命的叡智を持ち、人に話を傾聴してもらうことで、本来持っている問題解決能力が発揮される」ということを覚えて、149ページへ進んでください。

傾聴の話の続きは149ページへ！

心はどこにある？

大脳のないダンゴムシにも、立派な生命的叡智があることがわかりました。

では、生命的叡智の本体はどこにあるのでしょうか？　ロジャーズは**まだ言葉にならない重要な感覚を「内臓感覚」という言葉で表現**しました。

それについて、興味深い研究が日本免疫病治療研究会会長・西原克成先生の『内臓が生みだす心』（NHK出版）という本に書かれています。

もともと西原先生は、サメを使って心のありかを探る研究をされていました。顔の表情筋は、鰓《えら》に由来する腸管内臓系で、鰓から心肺、舌筋へと進化してきました。つまり、表情筋は心肺を含む内臓から発展してきているのです。そこで西原先生は、**心肺を含む内臓に心があることを明らかにしよう**と試みていました。そんなときに、クレア・シルビアという女性の手記に出会ったそうです。

その手記には、心臓と肺臓を同時に移植されたクレア・シルビアの心が、ドナーであった若い男性の心に変わってしまった、ということが記されていました。

そういえば子どものころ、奇跡体験を扱うアンビリバボーなテレビ番組で、心臓を移植した後に心や記憶も移ってしまった話を観たことがあります。

これを「記憶転移」というそうです。ただ、そのテレビ番組はＵＦＯや超能力、心霊まで扱っていたので、冗談半分にしか観ていませんでした。いつか流行った「信じるか信じないかは、あなた次第」的な番組です。

もちろん、この記憶転移については、まだ完全に科学的根拠が証明されたわけではなく、賛否両論あるそうです。

「記憶転移するかどうか実験したいから、ちょっと君たちの心臓入れ替えさせてくれない？」、なんて研究は倫理的に不可能ですから、なかなか決定的な答えが出にくいのも事実です。

ですが、西原先生の研究は、十分すぎるほど説得力があるものでした。
すごく興味深いことが西原先生の本に書かれています。

「何よりも重要なことは、ラットの脳にサメの脳を移植しても、ヒトの大人の脳にヒトの胎児の脳細胞を移植しても、脳細胞は単なるトランジスターのごとくに電極として電流を配電するだけです。したがって脳細胞を移植しても人格や心に何事も変化が起こりません。一方、内臓を移植すると心まで替わってしまう事実が、心のありかが内臓にあることを物語っています※」

このように、**心は内臓にある**、とはっきり書かれているのです。この記述を、僕たちはどうとらえればいいのでしょう。

僕たちは、「感情は脳で感じている」と教えられてきました。
でも実際、悲しいときにズキズキ、緊張したときにドキドキするのは心臓のある、胸の位置ですよね。

※『内臓が生みだす心』西原克成 著（NHK出版）2002.08

感情を表現する慣用句としても、心臓や胃腸などを使ったものが多いです。「心臓をわしづかみにされたような気分」「胸がしめつけられる思い」「肝を冷やす」「腹が立つ」など。英語でも「ブロークン・ハート（失恋）」「テイク・ハート（気を取り直す）」「ルーズ・ハート（意気消沈する）」など、たくさんあります。

こういう感情表現として身体を使った慣用句は、数え上げればキリがないほどです。ロジャーズも、人間が深いところで物事を感じることを、「内臓感覚」と呼んでいましたね。

逆に感情を表す慣用句で、頭を使ったものは意外と少ないように感じます。ぱっと思い浮かぶのは、「頭にくる」「頭を冷やす」「～のことを考えると、頭が痛い」くらいでしょうか。

「感情は脳で感じている」という固定観念を取っ払えば、西原先生のいう「心は内臓にある」という主張は、体感でも納得がいくものではないでしょうか。

そう考えると、心を表す慣用句の多くに内臓が出てくるというのは、言葉を持ちはじめた人間たちの、とても素直な表現だったのでしょう。昔の人は、「心は内臓にある」

ことを直感的に理解していたからこそ、そういう慣用句ができたのだと感じます。

ではここで、心臓移植で記憶まで移植されてしまう現象に対して、前述の『内臓が生みだす心』に書かれているディーパック・チョプラ博士の細胞記憶という考え方をご紹介します。少し難しいですが、後で詳しく説明します。

「そうした事象にたいして超自然的解釈を試みるよりは、われわれの体には経験が物理的表現をもって刻まれていくことの証《あか》しと考えるほうが妥当だろう。経験というものは、われわれが自分の内に取りこむものであることから、細胞には記憶がしみこんでいる。したがって、他人の細胞を体内に取りこめば、同時に記憶までをも取りこむことになるのだ」

つまり、心肺移植によって記憶や心まで移植されてしまうことを、オカルト（＝超自然的）だと考えるほうがおかしい。**人間の記憶や心は、脳だけではなくそのほかのさまざまな細胞にも刻み込まれている**、という考え方です。西原先生は、むしろ、今までの科学的常識が間違っていたと考えるほうが妥当だ、とも書かれています。

これは、天才といわれる解剖学者で、発生学者でもある三木成夫博士の「生命記憶※」という考え方とも一致します。

また西原先生の『内臓が生みだす心』に記載のある生化学者のキャンディス・パートの説によれば、人間の感情はニューロペプチドという神経伝達物質が受容体のレセプターにとりついて神経細胞ニューロンの電気的変化を促進させることによって生じるそうで、そのペプチドは脳内だけでなく、心臓や胃にも存在していることがわかりました。

このように、博士や学者たちがたどり着いたたくさんの研究結果を見ると、「記憶転移」の話も、安易にオカルトだと切り捨てることはできなくなってきます。

子どものころの僕が「半分オカルトのようなもの」と思っていたはずのものが、少しずつ信憑性を増し、「信じるか信じないかは、あなた次第」でなくなってきませんか。

「僕たちは身体に生命的叡智を持っている」ということが、だんだん真実だと感じられてきたのではないでしょうか。

※『胎児の世界』三木成夫 著（中央公論新社）1983.05

セロトニンの大半は腸で作られている

「腸に心がある」という説の根拠になる話をもうひとつご紹介したいと思います。

それは、うつ病に大きく関係している脳内物質セロトニンです。セロトニンは、「幸せホルモン」とも呼ばれる、幸せな気分を感じやすくする神経物質です。このセロトニンが脳内で少なくなりすぎると、うつ病の症状が出ます。だから、今使われている多くの抗うつ薬は、セロトニンのバランスを調整するように作られています。

脳内物質というと、脳の中で作られているように思いがちですが、実はセロトニンの9割は腸で作られています。そのほかにも、快感ホルモンといわれるドーパミン、ストレスホルモンといわれるノルアドレナリンなども、多くは腸で作られています。

つまり、**心にもろに影響を与える脳内物質の多くは、腸で作られている**のです。

内臓と心は、一般的に思われているよりも、ずっとずっと近い関係にあります。

西原先生は『内臓が生みだす心』の中で、**私たちの顔に感情が表れるのは、顔の筋肉、目、鼻、声帯などのパーツが、心臓や肺、腸などの器官につながっているからだ**、ということも書かれています。

また同書の中では、こんなふうにもおっしゃっています。

「マラリア原虫、ゾウリムシ、アメーバ等、単細胞で生きている動物ですが、これらには、種によっては、眼に相当する光点や口、擬足、嗅覚・味覚に近い化学物質センサー、触覚に相当する繊毛を持っています。つまり一粒で顔の原器と身体器官のすべてを持ち、心も記憶も当然持っているのです」

脳がない単細胞生物ですら、心も記憶も持っている、そうはっきり断言されているのです。それを踏まえると、「脳に心がある」という僕たちの常識は、そろそろアップデートしなければいけません。脳がなくても、心は存在するのですから。

西原先生は、生き物の進化を研究した結果、心が心臓や肺を含めた内臓にあるのだという結論にたどり着きました。これは世界的にも認められている研究です。

いかがでしょう。みなさんの常識がくつがえり、「心は内臓に宿っているんだ」と、徐々にご納得いただけてきているのではないでしょうか。

ですが、西原先生の『内臓が生みだす心』には、驚くべき続きがあります。

『腸は考える』という本がありますが、本来的に考えるのは皮膚・体壁系です。皮膚の特殊化したものが、脳脊髄神経系ですから、『腸も考える』が正しいのです」

なんと、**「本来的に考えるのは皮膚・体壁系」**と西原先生はおっしゃっているのです。腸に心があるというだけで驚きなのに！　ということは、生命的叡智は内臓だけでなく、皮膚にも宿っているということです。

皮膚の生命的叡智

そこでご紹介したいのが、皮膚科学研究者の傳田光洋先生の研究内容です。傳田先生の考えは、**「皮膚は第三の脳である」**※というもの。

今までは脳から表皮に命令が伝達されていると思われていたけれど、調べてみると表皮から全身や脳に命令を発信していることがわかった、というのです。

傳田先生によれば、皮膚は脳とは関係のない皮膚細胞だけで五感のすべてを持っていて、皮膚が自分で自分の状況を判断することで、ダメージを受けたときの回復を早めているのだそうです。神経細胞で脳とつながっていなくても、肌だけで判断を下して回復できるのです。

傳田先生は同じご著書の中で、頭を切り取ったカエルの実験の話を引用されています。脳がないカエルをつるして背中に刺激を与えたところ、「痒いなあ」といわんばかりに、後ろ足でしきりに、その刺激された箇所をほぼ正確にかくのだそうです。脳がなくても、皮膚が足の筋肉に、刺激された箇所をかくように指示を出せるのです。

※『第三の脳』傳田光洋　著（朝日出版社）2007.07

さらに皮膚は、皮膚が受けた情報を自分で処理し、ストレスホルモン・コルチゾールを作るなどして、神経、免疫、脳に影響を与えているといいます。

その影響力の大きさから、傳田先生は皮膚のことを「第三の脳」と定義されているのです。皮膚がストレスホルモンを作っているということは、皮膚が感情に影響を与えている可能性が大いにあるということです。

傳田先生は同書の中で、「こころは身体と脳との相互作用の中で生まれる」「脳単独では感情も理性も生まれない」という考えも紹介されています。「脳に心がある」という常識が誤りであったことを裏付ける内容ですよね。

さらに驚くべきことに、傳田先生は植物にも皮膚があるとおっしゃっています。ただの皮膚ではありません、考える皮膚が植物にもある、というのです。

そこで今度は、植物の生命的叡智についてもご紹介したいと思います。

なにしろロジャーズは、「すべての生き物は生まれながらに問題を解決する力を持っている」と話しているのです。そもそもはロジャーズのジャガイモのたとえ話からはじまった探究ですから、いずれにせよ植物とは向き合わなければいけません。

僕たちが頭で考えた解決策より、すべての生き物が生まれながら身体に宿している問題解決能力のほうが物事の本質をとらえている――。それを確信することができれば、目の前の相談者の問題解決能力を信じ、じっくりと話に耳を傾けることができるはず。そして、**自分自身が悩み、迷い、苦しんでいるときには身体の声に素直にしたがうことができる**はずです。

植物が見せる驚くべき知性

近年のさまざまな研究で「植物」にもなんらかの「知性」と呼んでも不思議ではないものがあることが、わかってきました。

植物生理学者のステファノ・マンクーゾは**「知性は生きているあいだに生じるさまざ**

まな問題を解決する能力である」と定義し、植物にも確かに知性がある、と唱えています。

たとえば藻類のミドリムシは、光受容体を持ち、光のあるほうに移動することができます。僕たちが森や公園で見る一般的な植物も、光受容体を持ち、光を求めて自らのからだを変化・成長させることがわかっています。みなさんも、光に向かって植物が成長し、花が咲くのを見たことはないでしょうか。背の高い植物の陰で背の低い植物に光が当たらなくなったとき、背の低い植物は急いで成長します。

ロジャーズのジャガイモの話は、この光を求めて成長する能力をいっていたのです。

また、植物は「生きているあいだに生じるさまざまな問題を解決する能力」として、嗅覚、味覚、触覚を持つこともわかっています。たとえば、トマトは昆虫に襲われるとにおいを発し、数百メートル離れた場所の仲間は嗅覚でその知らせを受け取る、という具合です。

さらに驚くべきことに、オジギソウという植物は、一種の記憶能力を持っている可能性があります。何より面白いのは、このオジギソウが学習能力を持つことです。

生物学という言葉をはじめて使った科学の巨人・ラマルクの実験があります。オジギソウは、刺激を受けると自らを守るために葉を閉じます。オジギソウを馬車にたくさん積んでパリの街を走ったところ、最初は馬車の振動に葉を閉じた植物が、振動に慣れてくると、再び葉を開きはじめたのです。これはオジギソウが、馬車の振動は危険ではないといいと学習し、限られた少ないエネルギーを無駄遣いしないように動いたことを示しています。

またフィレンツェ大学の研究では、音楽を聴かせて育てたブドウは成熟が早く、味や色、ポリフェノールの含有量が優れていることがわかりました。※ただし影響を与えているのは音楽のよし悪しではなく、どうやら周波数のようです。低周波は成長を促進し、高周波は抑制する効果があるといわれています。

例をあげるとキリがないのですが、植物は、人間と同じかそれ以上の知覚を持ってい

※フィレンツェ大学国際植物ニューロバイオロジー研究所による研究。2011年に国連主催の会議で今後20年でグリーン経済の世界を実現可能にする100のプロジェクトのひとつに選出された。

ます。そしてそれを、よりよく、より長く生きていくために活用しています。
植物生理学者のステファノ・マンクーゾのいう通り、「知性は生きているあいだに生じるさまざまな問題を解決する能力」と考えるとするなら、間違いなく植物には知性があるといえます。

ここまでを読んで、**「僕たち人間とそのほかの動物や植物を一緒に考えていいのだろうか」**と疑問に思う人もいると思います。僕たちはもっと複雑な社会環境に身をおいて、複雑な悩みを抱えているのだ、と。でも僕は、生物の進化の歴史を考えると、人間とそれ以外の生命にそれほど違いがあるとは思えません。
なにせ、生物誕生が38億年前なのに対し、人類が誕生したのは、ほんの20万年ほど前。地球の46億年の歴史を1年間におきかえると、人類誕生は12月31日の23時37分。人類は地球上でかなりのニューフェイスなのです。

これまで、科学の進化の歴史は、常に「人間は特別ではない」ことを証明してきました。地動説も進化論も、唱えられた当初は「私たちは特別だ」という思い込みによって糾弾されましたが、結果的には正しかった。そして常に、人間も大自然の一部であり、特別な存在ではないことが証明されてきました。

孔雀は子孫を残すために大きくきれいな羽を作り上げました。植物は子孫を残すために昆虫などを使う策を練り上げました。そして、僕たち現代の人間は、多くの先進国で少子高齢化という問題を抱えています。

僕たちが思うほど、人間は特別な存在だと、本当にいえるのでしょうか?

人類が生まれるはるか前より植物は存在し、たとえ人類が滅んでも植物は生き残るといわれています。それを考えると、戦争や環境破壊によりいつか自分たちを滅ぼしてしまいそうな人類より、植物のほうが叡智を持っているのかもしれません。

次の粘菌の研究で見るように、単細胞生物でさえコンピューターと同じような問題解決能力を持っています。**人間は決して特別な生き物ではない。一度、その視点を持って生命的叡智について考えてみてほしい**のです。

単細胞の生命的叡智

ロジャーズのいう「すべての生命体」の中でも、もっとも知性から遠い存在と思われるのが、単細胞生物です。

単細胞生物はひとつの細胞だけでできており、脳も心臓も、腸も持たない、究極にシンプルな構造の生物です。もし、この単細胞生物にも生命的叡智がある、ということが実感できれば、僕たち人間に生命的叡智があるということは当然のことのように感じていただけるのではないでしょうか。

西原先生の『内臓が生みだす心』でも、アメーバなどの単細胞生物にも知性があるという話がありました。そう、**単細胞生物にも、知性はある**のです。

ここで注目したいのが、単細胞生物の「知性と呼ぶにふさわしい能力」を見いだしたとして、2008年と2010年の2回も、イグノーベル賞を受賞された北海道大学電子科学研究所・中垣俊之教授の粘菌についての研究です。粘菌は通常、2ミリ以下と小さなものですが、まれに巨大化して数センチメートルになることがあります。この巨大化した粘菌が、迷路の最短距離を見つけることができるというのです。

迷路に巨大化してスライム状になった粘菌を敷き詰めます。入り口と出口にエサをおいておくと、迷路の行き止まりの部分の粘菌は、だんだんと身体を引き上げていきます。そして、最終的にはふたつのエサをつなぐ最短距離の路だけに、粘菌が残るのです。

それと同じ迷路をコンピューターに、どうやったら効率的に水道管の配管をできるかという形で解かせると、粘菌とまったく同じ結果になったそうです。

複数正解がある迷路の中で、最短ルートを見つける、これはわれわれ人間でもなかなか難しいことではないでしょうか。

中垣先生は、こうもおっしゃっています。

「迷路という複雑な状況の中で、生存のために適した行動を粘菌は取りました。おそらくこれは脳や神経系の有無にかかわらず、あらゆる生き物が持っている基本的な知能と呼ぶべき能力の一端であり、究極的には物理法則に還元できる全生物共通の基盤だと考えられます※」

あらゆる生き物が、基本的な知能を持っている。

それを踏まえると、人間のように大脳を使った論理的思考だけが問題解決能力を持っているという考えは、大きなおごりだといえるでしょう。

このような、生きていくための問題解決能力こそが、僕の考える「生命的叡智」です。

今、自分が何を求めていて、何を遠ざけたいのか。

単細胞から植物、僕たち人間を含めた**すべての生命が、その答えをちゃんと知っています**。それは、僕たちが頭でひねり出した考えよりもずっと純粋で、魂が求める答えともいえるものです。

人の悩みを聴くとき、また自分が悩みを抱えているときは、**その身体に宿している生命的叡智の声に耳を澄ませてください**。そうして、その人・自分にとっての最良の答えに光を照らしていただきたいと思います。

※『いのちの科学の最前線』チーム・パスカル著（朝日新聞出版）2022.06

生命的叡智が導く道

ここまでに見てきたように、あらゆる生命体には、30億年以上の進化の過程で積み重ねた生命的叡智があります。そう考えると、僕たち人間も、頭や理屈だけで考えるのではなく、**この生命的叡智の声に耳を傾けることが、「よりよく生きていく」ためには大切である**ことが、わかってきます。

ステファノ・マンクーゾは「知性は生きているあいだに生じるさまざまな問題を解決する能力である」といいましたが、僕たちの「命」そのものが、その能力を持っているのです。

しかし、現代の社会に生きる僕たちにとって、その純粋な声を聴くのは簡単なことではありません。なぜなら生命的叡智の声は、しばしば世間の常識とずれているためです。

「大学を辞めて、新しいことをしたい」
「仕事がつらい。辞めて1年くらいのんびりしたい」
「結婚してすぐだけど、離婚したい」

こうした、**自分の生命的叡智から浮かび上がってきた言葉が、世間の一般常識やよしとされる風習とは大きくずれてしまうために、僕たちは悩んでしまう**のです。

僕たち人間は大脳が発達し、たくさんの言葉を持ち、論理的思考を扱うことができるようになりました。だからこそ科学が発展し、便利に生活することができています。医療の力で、寿命もずいぶんと延ばすことができました。でもその分、言葉による表面的な思考や世間の常識を気にしてしまうようになりました。

そして、その表面的な思考や常識はとても声が大きいので、身体に宿した繊細な生命的叡智の声がかき消されてしまうのです。

しかし、**僕たちが歩むべき人生の道を踏み外しているときにこそ、静かに生命的叡智の声に耳を傾けるべき**だと僕は考えます。

もし、「仕事を辞めて1年くらいのんびりしたい」という声が身体から聞こえてきたら、その奥底には、「何十年も働き続けてきて、今は心身を消耗しきっている。でも、1年くらいしっかりと休息すれば、また次に踏み出す気力が出てくるはず」という希望が根底にあるのです。

そうした身体の感覚を無視し続けていると、やがて起こるのが心身症です。どこも悪くないのにお腹が痛くなったり、皮膚にじんましんなどが出たりして、「このままではいけない」というSOSのサインを出すのも、生命的叡智の大切な役割なのです。

僕は、もしかすると自分〈意識〉という存在は、自分〈生命的叡智〉が織りなす人生の観測者にすぎないのかもしれない、と考えることがあります。

自分〈意識〉がいくら「それは間違いだ」といっても、最終的には自分〈生命的叡智〉が「こうしたほうがいい」と思っていることをする。そうすることで、本当の希望を取り戻すことができた人を、僕は何人もカウンセリングの現場で見てきました。

人は生命的叡智の意見に逆行しようとするから、悩み、迷い、苦しんでしまう。 そして現状維持のまま、人生が固定化されてしまう。その膠着状態を打ち破るには、どれだけ常識外れで不安な選択肢であったとしても、**生命的叡智の声に耳を傾け、身を委ねる**ことが大切なのです。

仏教では、一人ひとりの人間の中に仏性が宿っていると考えます。西洋でも、一人ひとりの人間の中に神様がいるという考えがあります。もしかするとはるか昔の人は、生命的叡智からの「声」を、「仏性」や「神の声」と考えたのかもしれません。

実際に、**生命的叡智の声に耳を傾けることができたとき、苦難な状況にあっても人間の心は驚くほど静寂に満たされ、自分のやるべきことが見えてくる**のです。

第5章

恩師が見せてくれた傾聴という生き様

カウンセラーとして自信のなかった僕、先生と出会う

さて、第3章では、傾聴の目的は希望に光を当てることだと定義したホープセラピーの話、第4章では、その希望はあらゆる生物がもれなく、その身体に宿しているのだという話をしてきました。ずいぶん難しい話を続けてしまったのですが、この第3章でご紹介したホープセラピーは、決して理論から組み立てて作った頭でっかちなものではなく、実体験から徐々に理論ができあがっていったものです。

その実体験には、僕の恩師である畠瀬直子先生が大きく関わってくるため、この第5章では、僕が畠瀬先生から教えてもらった、**傾聴という生き様**の話をしたいと思います。それは、みなさんの傾聴の姿勢にも、大きく影響を与えるはずです。

僕は28歳のころ、はじめて畠瀬直子先生の勉強会に参加しました。

ここまでに書いたように、僕は民間でカウンセラー資格を取って独立開業し、すぐに出版する幸運に恵まれたものの、どこかカウンセラーとして自信がありませんでした。

ほんの少し前まで、ただの派遣社員だったのに、急に本を書いている立派な先生として扱われるようになったのです。でも現実の僕は、まだまだカウンセラーとしての経験も知識も実力も足りていない。それを、誰よりも自分自身が理解していました。「化けの皮をはがされたらどうしよう……」。そんな不安が常にあったのです。

また、当時は意識していなかったのですが、大学、大学院で勉強してきた心理職でないことに、どこかコンプレックスを持っていました。本を出版するまでは誰にも知られていない存在だったので、なんのプレッシャーもなく活動できていたのですが、本を出版してからは「どうせ中越なんて本を出版していても、カウンセリングの実力がない怪しい野良カウンセラーだろ」と揶揄《やゆ》されるのが、怖かったのだと思います。

だから、少しでもみんなが思う、「立派なカウンセラー」になろうと、一生懸命もがいていたのです。

それで知人に紹介されて、畠瀬直子先生の勉強会、関西人間関係研究センター（KNC）に参加することにしました。なんと僕がロジャーズに憧れるきっかけとなった、『カール・ロジャーズ　静かなる革命』（誠信書房）を翻訳された畠瀬直子先生です。先生はロジャーズのところに留学して、直接ロジャーズから学ばれた方です。

「そんなすごい人の勉強会？　しかも自転車で行ける距離やん！　これも運命か!?」

勝手に運命のせいにして、さっそく申し込みました。


先生の講座にはじめて参加するときは、ものすごく不安でした。緊張しながらドアを開けて入っていくと、参加者は当時の僕よりずっと年配の人ばかり。「やっぱり経験豊富なすごい人が集まってるんや……」と、よりいっそう緊張が増します。こういうときって、なぜか自分以外の人のことは、すごく立派に見えてしまうのです。

参加初日で一番驚いたことは、誰が先生なのかパッと見でわからなかったことです。最初に出迎えてくれたのと、事前に写真を見ていたので、「たぶんこの人が先生だよな……」となんとなくわかりました。でも、あまりに参加者の中に溶け込んでいたので、本当にこの人が有名な先生なのかと、確信を持てなかったのです。

「そろそろ時間ね。はじめましょうか」という言葉を聞いて、やっとこの人が先生なんだと確信を持てました。それまで僕が出会ってきた先生という人種は、やさしい先生であったとしても、どこかその場の雰囲気を支配するたたずまいを持っていました。

僕も人前で話をする仕事をもらうようになってわかったのですが、「しっかりと自分が仕切らなきゃいけない！」というプレッシャーを、先生は感じるものです。場が荒れるのが怖いので、その場を支配する雰囲気を出してしまうのです。でも、畠瀬先生はそういう雰囲気をまったく感じさせませんでした。

先生が体現した「カウンセラーという生き物」

たとえば、こんな出来事がありました。

先生は毎回、講座がはじまってからの10～15分を、ちょっとした雑談の時間にしていました。はじめての参加者もいるので、場を和ませようと思っていたのだと思います。それは本当にカウンセリングには関係のない、テレビから流れてくるニュースの話や、参加者の近況報告などでした。

月に1回、1年続く講座だったのですが、半年ほど過ぎたころに、ある男性がこんなことをいい出しました。

「毎回、雑談が多すぎます。私は雑談しに来ているんじゃない、学びに来ているんです。さっさと講座をはじめてくれませんか」

一瞬、場に緊迫した空気が流れました。

すると先生は、「あら。緊張がほぐれるかと思ったのだけれども。じゃあ、さっそくはじめましょうか」そういって、まるで何事もなかったかのように、講座をはじめました。それがあまりにも自然でやわらかなふるまいだったのです。

こういうとき、世の中の多くの先生は、自分のプライドが傷つけられたような気がして、ムキになって反論したり不機嫌になったりするものです。

ところが先生は、まるで太極拳の達人が相手の攻撃を受け流すみたいに、何事もなかったかのように、さらっと講座をはじめていったのです。その男性はどこかホッとしたような、うれしそうな表情をしていらしたのが、とても印象的でした。

このときの先生のふるまいは僕の中にずっと残っていて、**「ああ、これがカウンセラーという生き物か」**と思ったことをはっきり覚えています。うまくいえないのですが、こういう偉ぶらない柔和な態度で生徒と接する「先生」に出会ったのがはじめてだったので、すごく驚いたのです。

「ロジャーズさんって、どんな人だったんですか？」

それから何年も経って僕の緊張が解け、先生とフランクに話せるようになったころ、こんな質問をしたことがあります。

「ロジャーズさんって、どんな人だったんですか？」

僕が憧れた人。心理学の歴史に燦然とその名を輝かせるカール・ロジャーズ。彼がどんな人だったのか、ちょっとしたミーハー心から聞きたくなるのも人間の性《さが》です。

すると先生は、一瞬だけ黙り込んで考えをめぐらし、**「あのね。権威というものをまったく感じさせない人だったわ」**とおっしゃいました。

ロジャーズの権威を感じさせない、具体的なエピソードがあります。

「『直子、カールって呼んでくれないか』っていうの。私、困ってね〜。日本人ってそういう風習ないじゃない。私がロジャーズさんのところに学びに行ってるんだもの。だから、それはできませんっていったの」

それでもロジャーズは、また後日改めて「直子、カールって呼んでくれないか」と繰り返したそうです。「それで私、ああ、この人本気なんだって思って。勇気を出してカールって呼ぶことにしたの」。

この話を聞いて、「ああ、畠瀬先生のこの雰囲気は、ロジャーズから来ているのか」と、納得してしまいました。

余談ですが、あるときほかの受講生が「ロジャーズのいう開拓者精神ってどんなものだったんですか?」と質問したことがあります。ロジャーズの時代のアメリカの開拓者精神、たくましく道を切り開いていく感覚って、現代の僕たちにはあまりピンときませんよね。

そのとき先生は、まるでいたずらっこのように「ガラガラヘビに気をつけろ。オレを踏みにじる奴はゆるさない」と、にやっと笑いました。これはロジャーズの言葉だそうで、もしかしたらロジャーズも、こんなふうににやっと笑っていたのかもしれません。

「21世紀のカウンセリングね」

畠瀬先生はどんな講座でも、知識も経験も全然ない僕の意見に対して、**「今の若い人の考え方を知れたわ」「あなたのその考え方って大事ね」**と、いってくれました。

また、明らかに僕に知識が足りなかったり、間違ったことをいったりしているときは、「私が若いころね。こんなことがあったのよ」と、それとなくご自身の体験談を話してくださいました。

当時の僕は「天職・やりたいことを見つけるためのカウンセリング」というテーマで、カウンセリングをして本を書いていました。当時としてはずいぶんと変わったテーマで、そういうことを本業にしているカウンセラーはいませんでした。批判的な目を向けられることもあり、僕はどこに行っても、カウンセリング業界で異端者でした。

そもそも、臨床心理士でもないのに、独立開業しているカウンセラーというだけで、十分に異端者だったのです。

でも、先生はそんな僕の発表に対して、**「21世紀のカウンセリングね」**と、興味深そうに反応してくださいました。そこには批判や偏見の目が一切なく、異端者である僕にとって、唯一安心できる場所だったかもしれません。

ちなみに、僕はコロナ禍になるずいぶん前から、オンラインでもカウンセリングをしていました。コロナ禍以前は、「オンラインカウンセリングなんて……。カウンセリングは直接会ってやるべきだ」という批判的な声が強かったのです。でも、そのときも先生は「21世紀のカウンセリングね」と、とても興味深そうに聴いてくださいました。

僕は先生が新しい価値観ややり方に対して、批判や偏見の目を向けているところを、見たことがありません。熟練したカウンセラーの意見も、新人カウンセラーの意見も、いつも対等に扱っていらっしゃいました。

カウンセリングでは、**人間は対等である**。カウンセラーも相談者も、そして生徒も先生も対等である。この勉強会がそういう場であることに気づくと、とても安心していられる場所になり、引っ込み思案な僕も少しずつ自分の意見をいえるようになりました。まさに心理的安全性です。

カウンセリングでは、**対等な人間関係で関わっていくことが、互いを成長させる**と考えます。植物が成長するのに、太陽と水と土が必要なように、人間の心が成長するためのひとつの要素として、対等な人間関係は欠かせないものです。

そんなの、よく聞く話だと思うかもしれません。ですが、それを実践できている人は、現実にはなかなかいません。それを普段の勉強会で実践している先生に出会ったことが、僕にとっては大きな出来事でした。

先生は僕たちに対して、権威的に振る舞ったことは一度もありませんでした。それでいて、知識面のことで質問するといつも丁寧に教えてくださり、いろいろな先生自身の体験談を教えてくれました。歴史や国際情勢、環境問題にも詳しくて、そういうことに疎い僕はそうした話を聞くのも好きでした。世の中のことを知っておくのは、相談者の背景を理解するために必要だ、といつだかおっしゃっていたことを、覚えています。

「あなたみたいなカウンセラーがいて、うれしいわ」

僕が先生の講座に通いはじめて約1年経ったころのことです。その日の講座の最後に起きたことは、まるでビデオで録画でもしたかのように、はっきりと覚えています。

講座の終わりに、その日の講座で感じたことを参加者のみんなでシェアしていました。先生がある男性に、「今日はどうでしたか？」と話しかけました。

その男性は、「実は私は、明日はじめてカウンセリングをします。すごく緊張して、正直、今日はこの講座にまったく集中できませんでした」とお話しされました。

すると先生は、ゆっくりと僕のほうを向いて、おっしゃいました。

「あなた、どう思うかしら？」

「え!?　ぼ、僕ですか!?」

それまで1年間、ほとんど口を開かなかった僕が話を振られたのです。僕は慌てふためいて、目をパチクリパチクリさせながら、落ち着きなく話しはじめました。

「はじめてのカウンセリングですか。う〜ん、緊張しますよね〜。いや〜、僕もめっちゃ緊張したのを覚えています。う〜ん。どうしたらいいんでしょうね〜。

でもまあ、僕の場合、はじめてのカウンセリングは無料だったんです。このカウンセリングが無事に終わってくれたら、寿命の半分あげてもいいって思って臨みました。本当に緊張してガチガチで。でも、本当に魂削る思いでやったのを覚えています。

それでなんとか無事にそのカウンセリングが終わって、2週間くらいしたときに、そのクライエントさんからメールが来たんです。そこには、『有料でいいからもう一度カウンセリングしてもらえないですか』って書いてありました。

そのとき、すっごくうれしくて感動して。お金をもらえるなんて思ってなくて、値段も決めてなかったから、慌てて3000円って決めて。

思えば、僕は子どものころに親から、はじめてもらうお給料ってすごく感動するものやでってよくいわれていたんです。でも、僕ははじめてのアルバイトも社会人になってからの初任給も、あまり感動しませんでした。むしろ、あんなにがんばってこんなものかって思ったんですよね。

でも、あのときもらった3000円はすごくうれしくて。資格を取ってウェブサイトを作って、ここまでやってきたことを考えたら、時給にして50円以下なんですけど。でも、自分のやりたいことで人の役に立ってお金をもらえるというのが、本当に衝撃で。僕、お金を重いって感じたのって、そのときがはじめてなんです。だからそのお金、何に使ったらいいのかわからなくなって。それでいろいろ考えて、もし次に誰かがカウンセリングを受けに来てくれたときのために、心理学の本を買ったのを覚えています。あれ、何話してたんでしたっけ。なんか答えになってないですね。すみません……」

僕は緊張しながら、頭に思い浮かんだことをとにかく口にしていました。僕が話しているあいだ、誰も口を挟まずに、僕の話を聴いていました。当時はずいぶんと長く話した気がしたのですが、実際には2～3分だったのかもしれません。

しばらく静寂があった後、先生がいいました。

「あなたみたいなカウンセラーがいて、うれしいわ」

その言葉を聞いた瞬間、僕の身体の芯の部分、食道のあたりがグッと熱くなりました。それからしばらく、ずっと身体がホカホカと少し熱かったのを覚えています。照れに似ていながら、少し違う感じ。本当に必要な言葉を投げかけられたとき、人間の身体はこんな反応をするのだと知りました。

いつもの僕なら謙遜して「いえいえ、そんな大したことないです」とかいうところです。でもそのときの僕は、なぜか自然と「ありがとうございます」といっていました。

それからずいぶんと後になってわかったのですが、どうもうまくカウンセリングが進んでいるとき、カウンセラーが相談者のことをポジティブに表現しても、日本人特有の不必要な謙遜をせず、**自然と「ありがとうございます」と口にする**ようです。

これは僕だけでなく、多くの相談者がそういう反応をします。

僕は家に帰っても、まだ身体がホカホカしていました。それはしばらく続きました。自分に何か重大な変化が起きたということはわかりました。それこそ、生命的叡智が「これは重要な出来事だぞ!」と教えてくれていたのでしょう。

それと同時に、今自分の身に起きている変化は、カウンセラーとして絶対に忘れてはいけない重要な経験だということも、直感的にわかりました。

だから、あのときの出来事は、まるでビデオ映像のように僕の心に残っています。

深い人間関係を築いた、先生のひと言

「あなたみたいなカウンセラーがいて、うれしいわ」といわれた瞬間、僕の身体の中に湧き上がった、大きくて熱いポジティブな感情――

それから何年も「あれはなんだったのだろう。どうしたら、自分もあれをできるようになるんだろうか」と考え続けていました。それを自分の中で探求することが、僕なりのカウンセリングを作り上げていく、ひとつの方針になりました。

しばらく考えてわかったことは、そのひと言が僕の中にあるさまざまな劣等感を、大きく和らげてくれたということです。

本を出しているのに、実際にはカウンセラーとして経験も知識も全然足りず、いつか

化けの皮をはがされたらどうしようという恐怖感。大学や大学院で心理学を勉強して臨床心理士になったわけではないという、資格コンプレックス。

僕は自分が立派で優秀なカウンセラーになれるとは、とても思えなかったのです。

でも、「あなたみたいなカウンセラーがいて、うれしいわ」。そういってもらえるカウンセラーで在り続けることは、今の僕にも十分にできる。なにしろ、今までの自分のカウンセラーとしての在り方さえ、変えなければいいだけなのだから。

そして、「自分は立派で優秀なカウンセラーになりたかったのか?」とよくよく考えてみれば、そんなことはまったく思っていませんでした。

なんだかうまくいえないのですが、もともと僕は、「あなたみたいなカウンセラーがいて、うれしいわ」といわれるようなカウンセラーになりたかったのです。

そんな、**自分でも気づかなかった感情を言語化してくれた**のが、畠瀬先生でした。

僕にとって一番重要なのは、「あなたみたいなカウンセラーがいて、うれしいわ」といわれるようなカウンセラーになることであり、そういうカウンセラーで在り続けることは、十分に可能性がある。それは僕のカウンセラー人生にとって、非常に大きな希望になりました。

この希望があったからこそ、つらい時期も乗り越えてこられました。何かに迷ったときは、「あなたみたいなカウンセラーがいて、うれしいわ」といわれ続けるには、どうすればいいか。いや、正確には、どういうカウンセラーで在り続ければ、僕が僕自身を「僕みたいなカウンセラーがいて、うれしい」と思い続けられるか。

それが僕のカウンセラー人生にとって、大きなコンパスになりました。

あのときの言葉が、「あなたはもう十分、優秀なカウンセラーよ」でも、「私から見ても立派なカウンセラーに見えるわ」でもダメでした。もちろん、「優秀」「立派」は褒め言葉です。褒められればうれしいものですし、僕自身も、カウンセリングの中で褒め言葉を使うことがあります。相談者が何かの試験に合格したら、「すごい！」といいます。

それ自体が悪いことでは、決してありません。

ただ、気をつけなければいけないのは、**褒めるというのは、ある意味、他人を評価しているときに使う言葉だ**ということです。

優秀や立派というのは、何かしら世の中のものさしで人間を測っています。

よい評価をもらえているときはいいかもしれません。でも、同時に、いつか悪い評価をされる可能性も感じさせるものです。そうなると、いい評価をしてもらえるように固執してしまったり、悪い評価を恐れたりするようになってしまいます。

評価というのは、ある意味、人を裁くことなのです。

でも、「あなたみたいなカウンセラーがいて、うれしいわ」。これはあくまで純粋な感想です。カウンセリングの技法でもなんでもない、ただの感想です。僕の話を聴いて、先生の中に湧き上がった自然な感情を、そのまま伝えてくれたのです。

そこには、恣意的なものが一切ありません。褒めることで僕をどこかに方向づけようとか、コントロールしようとか、そういうものが一切ない、純然たる個人的感想です。だからこそ僕は素直にうれしく、自然に「ありがとうございます」といえたのです。

このときの経験は本当に大きなものでした。**ロジャーズの傾聴を、僕自身が深く体感することができた**のです。

この出来事をきっかけにした僕自身の心境の変化、僕が先生へ抱く感情の変化から、傾聴によって「深い関係性」を作るというのはこういうことなのだと、僕の心に深く刻まれました。

人の心に「自信」の火を灯す

僕は、先生のあのときのひと言を再現できるようになりたいと思いました。それが僕の目指すカウンセラー像になりました。だって、あのひと言で、僕の中にあった劣等感や資格コンプレックスが、大きく和らいだのですから。

でも、「先生、あれはどうやるんですか?」と質問するのも、なんだか見当違いだということもわかっていました。カウンセリングはどこまで行っても、体験学習です。自分で体験し、実践し、少しずつ自分なりの感覚として身につけていくしかありません。

その後僕は15年間、先生のもとに通い続けました。この15年があったからこそ、僕は自分なりのカウンセリング、ホープセラピーにたどり着くことができました。

先生は勉強会で受講生が発表するとき、「どういう形式で発表すればいいですか？」と僕たちが質問すると、まるで当たり前のことのように「好きなように、自由に発表してくれればいいわよ」とおっしゃっていました。

そういう本当に自由な環境で学ばせていただいたからこそ、僕は自分なりのカウンセリングスタイルを形にしてみようと思えたのです。

それはつまり、あんなに自信がなくて資格コンプレックスの強かった僕が、ちゃんとカウンセラーとしての自信を持てたということです。

これから僕は自分のカウンセリング教室で、先生のような自由な雰囲気を作り、受講生さんとともに学んでいきたいと思っています。

第6章

〈実例〉僕はどう傾聴しているのか

ネガティブな感情を出しきってはじめて、希望が見える

さて、ここまでの章では、ロジャーズ流の傾聴の基本や、僕の希望を照らす傾聴・ホープセラピーについてお話ししてきました。

では実際に、希望を持てる傾聴をするには、どのように聴くとよいのでしょうか。

僕が意識していることは、**「ネガティブな感情だけでなく、ポジティブな感情にも同じように光を当てる」**ということです。

相談者は悩みを抱えているので、話はネガティブな内容からスタートすることがほとんどでしょう。まずはネガティブな話をしっかりと聴いて、つらい気持ち、歯がゆい気持ち、腹が立つ気持ちを相談者に吐き出してもらうことが大事です。

ただ、相談者の話の内容が、最初から最後まですべてネガティブで埋め尽くされているかというと、そんなことはありません。少なくとも、自分でカウンセリングを予約して来られた方の場合、「もしかしたら、カウンセリングを受けることで、今の自分の人生も少しくらいよくなるかもしれない」、そういう希望を持っています。

いや、自分でカウンセリングを予約した人だけではありません。

「たとえどれだけ絶望的な状況でも、命がある限り、僕の中の『僕』は人生をあきらめていない」。ロジャーズがジャガイモのたとえ話で、僕が生命的叡智の話で伝えたかったのは、そういうことです。

では、どうすればその人の中のポジティブな要素＝希望を、無理矢理にではなく自然に見いだすことができるのでしょうか？

それはやはり、よく聴くことです。

ネガティブな感情をしっかりと吐き出して、聴き手に受け止めてもらえると、話し手からは自然とポジティブな感情が出てきます。

ロジャーズの著書『カウンセリングと心理療法』に、こんな事例が載っています。ポールというとても知的ではあるけれども、外見があまりぱっとせず身長と体力が平均以下の学生とのカウンセリングです。ポールは自分を異常であると見なす根拠について語り、続けて自分の外見以外にまつわる否定的な態度をも表現していきます。以下に引用します。

学生――あの、自分は劣っているのではないかと思っています。個人的にそう思うんです。

カウンセラー――きみは自分には能力がないと確信している、そういうことですか？

学――そうです。（沈黙）

カ――もう少しそのことについて話してくれませんか。

学――ええ、つまり、人類学にちょっとした興味をもってきました。特に犯罪人類学なんですが。（沈黙）そのう、ずっと、ずっと他人の体格を比べているのですが、ぼくの体格はどうも劣っているようです。そうとしか思えないんです。そうなんです。それで、各個人の行動はもしかしたらその体格の反映なのかもしれない、と感じるの

です。そう信じています。（略）

カ――そうすると、他人の体格をみると自分は劣っていると思ってしまうんですね、つまり下の下だというふうに。

学――ちょっと違います。そこまでは言っていません。

カ――でもきみは標準よりずっと下なんでしょう？

学――そうです（笑）ぼくが感じているのはまさにそういうことです。それで、自分の心を変えるには何らかの根本的な根拠がないとだめなんじゃないかと思うんです。

カ――そして、経験上それ以外の方法では誰もきみを納得させることはできないと感じている。

学――そうです。（沈黙）

カ――きみがそんなに確信しているということは、おそらく他の何らかの経験に裏づけられているんでしょうね。

学 そうだな、ええっと、どうしてそう思うようになったんだろう？（沈黙）どうしてそんなことに関心をもつようになったか正確には思い出せませんね。自然の成り行きじゃないでしょうか。体格に興味をもつようになったはっきりしたきっかけはないと思いますが。成長の過程でそういった路線で考えるようになってしまったんだと思います。

　今まで生きてきた人生ではっきり覚えているのは、いっさいがっさいが体格と結びついていたということです。初めは体重を増やしたかったんです。体重を増やして体重計の目盛りを一気に上げてやろうと。またあるときには背を伸ばしたかった。幸せは身長に比例するとまで思っていました。（笑）今考えるとばかげたことなのですが。

カ 当時は本気で信じていたわけですね。

学 本気でしたよ。（沈黙）

カ そういうように考えるようになった心当たりは？

学 ええと、たとえば、ぼくは小さかったので、大きな人が羨ましかったのです。昔、カ――そのう、まわりの子どもに殴られていました。でもやりかえすことはできませんでした。何か関係があるかも知れません。やられてばかりでいつも恨んでいました。この経験が関係しているのかな。

学――敗北した経験をたくさん抱えてきたんですね。

カ――そうなんですよ。挫折を繰り返してきました。（沈黙）

学――その辺のことをもう少し話してくれませんか。

面接はなおも続き、ポールは自分がなぜ個人的、社会的に適応性に欠けるようになってしまったのか、その要因となる経験についていくつか具体的例をあげて語り、どれほど強く「場を仕切る人間」になれればいいと思ってきたかを語る。

カ――でも実際には自分はトップに立てるような人間ではないと感じている。

学――そうです。そんな器ではありません。もちろん、トップに立たなければならないと思うような理由はありませんが、本来自分がいるべき場所にいないのには何か理由があると思うのです。つまり、自分は今のポジションに甘んじるべきではないと思うのです。

カ――そうすべきではないと？

学――そうです。（沈黙）

カ――あなたが培ってきたことを考えるともっと報われていてもおかしくない、そういうことですか？

学――そんなところです。能力はあるんです。ありますよ。たとえば、数学についてはコツを心得ています。そう思います。だって数学では他の生徒よりよくできるし、そういっても差し支えないと思います。

カ――そうすると、周りのほとんどの学生よりずっと優れた点が少なくとも一つはあるということですね。※

相談者の話の中に隠れた「光」を見つける

※『カウンセリングと心理療法』C.R.ロジャーズ著　末武康弘、保坂亨、諸富祥彦 訳（岩崎学術出版社）2005.03／改行は著者

この事例を見てわかるように、最初は自分が劣っていると話していても、その気持ちをしっかりと受け止めて伝え返すやりとりを重ねると、本人の中から自然と「自分は今のポジションに甘んじるべきではない」「数学についてはコツを心得ています」という前向きな、上に伸びていくような言葉が出てきます。

聴き手がネガティブな気持ちをしっかりと受け止め、相談者がそれを吐ききることができれば、次は自然とポジティブな言葉が出てくるのです。

ロジャーズは、同じ本の中でこう書いています。

「もしクライアントが何もこれ以上自分は役立たずだとか、異常だと言い張る必要はないのだと感じれば、もっと気楽に自分をとらえ、自分の中にある肯定的な資質にも目を向けるのである」

人間はたとえどれだけ深く悩んでいたとしても、心のすべてがネガティブで覆い尽くされているわけではありません。**心の中にはちゃんと、自分でも気づいていないポジティブな要素がある**のです。

ただ、人間は悩んでいるとき、ネガティブな側面ばかりが気になってしまうものです。だから、自分の中にあるポジティブな要素に気づけません。傾聴の場面で自分の口からポジティブな要素が出たときですら、気づけないことがあります。

また相談者には、まずは自分のつらさをわかってほしいという気持ちもあります。だから聴き手は、そのつらさをまずしっかりと受け止めることが大切です。そのうえで、**相談者の中にあるポジティブな要素にもちゃんと目を向けなければなりません。**

先ほどの事例でいえば、このポールという学生は、「自分の心を変えるには何らかの根本的な根拠がないとだめなんじゃないか」といっています。そのうえで、「数学では他の生徒よりよくできる」という根拠を自分の口でもちゃんと話しているのです。

それを受けてカウンセラーは、「そうすると、周りのほとんどの学生よりずっと優れた点が少なくとも一つはあるということですね」とポジティブな側面をちゃんと伝え返しています。そうすることによって、相談者は自分の中にあるポジティブな要素に目を向けることができたのです。

自分にも優れた点があると気づくことは、自分自身を変えていくための希望になります。そういう希望があれば、自分を変えるために自然と動き出せるようになります。

僕の**ホープセラピーは、こういう本人の中に眠っているポジティブな要素に気づくことで、自分を変えることに希望を持ってもらうためのカウンセリング**です。

ジャガイモの芽が太陽をめがけて伸びていくように、僕たち人間も太陽に向かって伸びたいという気持ちを、心の奥深くで感じているのです。それが生命的叡智です。

悩んでいるときの僕たちはそのことに無自覚で、自分自身でも太陽に向かって伸びたいということに気づいていません。

でも、傾聴を通して、自分自身がこの方向に向かって伸びたいということに気づくと、一気にそちらに向かって成長していくようになります。それは本当に、驚くほど速いスピードです。

聴き手は相談者の話す内容から、「こちらに成長していきたい」という気持ちをくみ

取り、それを伝え返す必要があります。

「お話を聴いていると、あなたはこちらに向かって進んでいきたい気持ちがあるのかなと感じたのですが、あなた自身はどう感じますか？」

このように問いかけることで、相談者自身が成長していきたい方向性を自覚し、成長がさらに促進されていくのです。

もちろんこれが聴き手の誘導にならないように、最大限注意しなければなりません。でも、聴き手が相談者の成長していきたい方向性に気づいているのに、それについて相談者と確認しないことは、せっかくの成長促進の機会を逃してしまうことになります。

朝顔は太陽に向かって伸びていきます。その伸びていこうとする方向に支柱を立ててあげると、朝顔は支柱に巻きついてぐんぐんツルを伸ばし、自分自身を成長させていきます。

僕たち聴き手も同じように、相談者がこちらに成長していきたいという方向性を相談者の話の中からくみ取り、ふたりで再確認していくことが大事です。

大切なのは、**「相談者自身にとっての光はなんなのか？」**ということです。ポールにとっては「自分は今のポジションに甘んじることなく、もっと上を目指すことができる」というものでした。相談者の光を、よく聴いて見つけていきましょう。

一滴のうそも混じっていない促進的な言葉は、人に希望をもたらす

傾聴するうえで難しいのが、**「相手を励まそうと思って、安易な希望的観測を述べてはいけない」**ということです。聴き手が心の底から本当に思っていることでなければ、恐ろしいほどの繊細さで相談者はそれを見抜いてきます。

先ほどのポールの例でも、カウンセラーは決して、安易な励ましはしませんでした。カウンセラーの「周りのほとんどの学生よりずっと優れた点が少なくとも一つはあるということですね」という言葉は、「数学については、コツを心得ています」というポール

の言葉を受けて出てきたものです。だからこそ、ポールもカウンセラーも納得のいくポジティブな要素に光を当てることができています。

カウンセラーが相談者を励まそうと思って安易な希望的観測を口にすると、たいていの場合、相談者は「そうだといいんですけどね」と困ったような笑顔をします。「ああ、自分を励まそうといってくれているのだな」と見抜かれているのです。

それはまだマシなほうで、悪ければ「無理なポジティブ理論でいいくるめられている」と思われることもあります。

難しいのは、聴き手が相談者になんとか元気になってほしいと思って、励ましの言葉をかけたくなるのも、人として自然な感情だからです。

でもだからこそ、自分がこれから伝えようとするポジティブな言葉が「相談者の中に内在していた、まだ言葉になっていない希望」なのか、それとも「なんとか元気にしてあげたいという聴き手自身の気持ちから出た、無理な希望的観測」なのか、自分でしっかりと判断する必要があります。

これは聴き手自身が「自己一致」できているか、の問題でもあります。

相談者は、自分の一番弱いところをさらけ出すのですから、相手がどれくらい真剣に聴いてくれているのかをつぶさに観察しています。聴き手がカウンセラーであればそれはなおさら。眉や口角がどれぐらい動いたか、話すタイミングの0・01秒まで、しっかりと見られています。どれだけ表面上を取り繕っても、安易な励ましや表面的な言葉は、すぐに見抜かれてしまうのです。

だから、**聴き手である僕たちがしっかりと自己一致して、うそ偽りない心で「相談者の中の、まだ言葉になっていない希望」を照らす必要があります。**

そして、つい余計な希望的観測を述べてしまったときは、「ああ、今のは余計なひと言だったかもしれない。ごめんなさい」。そんな言葉もちゃんといえるようにしておかなければいけません。素直にごめんといえるのも、ひとつの自己一致なのです。

ロジャーズ流カウンセリングに技法がない理由

さて、ここまでこの本では、傾聴についてのノウハウやテクニックをほとんど書いていません。読者のみなさんの中には、そういう情報を求める人もいるかもしれません。夫が妻の話を聴く場合、親が子どもの話を聴く場合、というシチュエーションの例も多くの本でよく使われるのですが、この本ではあえてなるべく使わないようにしています。傾聴の考え方として、「こういうときはこう」と、型にはめた対応が一番よくないとされているからです。

実はロジャーズ流のカウンセリングには、ほかの心理療法にあるような、わかりやすくてかっこいい技法はありません。ロジャーズは、決してほかの心理療法や技法を否定したのではありませんが、自分自身が技法として表現することは、極力控えていました。

というのも、ロジャーズ流のカウンセリングが生まれたばかりのころ、「ロジャーズ流のカウンセリングはオウム返しすればいい」と、間違った解釈が広まったことがありました。今でもそのようにいわれることがありますが、それは間違っています。

確かにロジャーズは、**「相談者に話を伝え返すときは、相談者が使ったのと同じ言葉を使うことが大事」**。そういう内容のことを伝えていました。

たとえば、「あのとき、私、膝がガクガクするほど怖かったんです」と相談者がいったとしましょう。ここで、「ものすごく恐怖心があったんですね」といい換えるよりも、「膝がガクガクするほど怖かったんですね」と同じ言葉を使ったほうがいいのです。

そうすることで、「膝がガクガクする」という**感覚にフォーカスして、より深い話を聴くことができます**。たとえば、次のような具合です。

「そうなんです。膝がガクガクするのを、実際に体験したのははじめてでした。うまく立てなくなったんです。今思うとあれは、全身が拒絶していたんだと思います。あの場にいて、逃げちゃいけないと思っていました。だけど……本当は逃げたかった。逃げていいって思いたかったんです」

でもこれが、「ものすごく恐怖心があったんですね」といい換えてしまっていたらどうでしょう。

「そうなんです。ものすごく怖くて……。どうしようもなく怖かったんです。だからそれを乗り越えたいんです」

こんなふうに話が深まらず、相談者が自分の本心に気づけないこともあるのです。

「膝がガクガクする」という**相談者自身の言葉を使うことで、「ちゃんとあなたの話を理解できていますよ」ということを伝えています。**それによって、その言葉のさらに深い意味がわかることがあるのです。これはロジャーズ流のカウンセリングにとって、とても大事なポイントです。

とはいえ、「相談者と同じ言葉を使う」ことはロジャーズ流のカウンセリングの極めてわずかな一部分でしかありません。実際のカウンセリングで、毎回必ず相談者と同じ言葉を使うかというと、そんなことはありません。だってそれでは、あまりに不自然な会話になるからです。

相談者が「トイレはどこですか？」とカウンセラーにたずねたら、「あなたはトイレがどこにあるかを知りたいんですね」と応えたなんていう笑えない話まであります。

ロジャーズは自分のカウンセリングが間違った形で広まってしまったことに相当困ったようで、もともと「非指示的療法」といっていたのを、「来談者中心療法」と名前を変えるまでになりました。

ロジャーズ流のカウンセリングにとって一番大切なのは、**ひとりの人間ともうひとりの人間が、深く温かい関係性を築いていくこと**です。

ロジャーズはこんなことをいっています。

「私がもし、直観は（著者注：カウンセリングの）必要条件の一つだと言い始めたら、セラピストたちはこぞって、自分は直観的でなければならないと考えるようになるおそれがあります。これは不幸な結果を招きます」※

もちろん、これはロジャーズが世界的な有名人だったというのもあるでしょう。

※『カール・ロジャーズ』諸富祥彦 著（KADOKAWA）2021.03

でも、僕たちカウンセラーの言葉も同じです。傾聴について、型にはめるような技法をいえば、このオウム返しと同じことになりかねません。

「夫が妻の話を聴く場合は、こうするのがコツです」
「親が子どもの話を聴く場合は、こうやりましょう」
「部下のやる気を出す話の聴き方はこうするのです」

こういっている時点ですでに、それぞれの人間関係を、枠に当てはめて考えてしまっています。こういうことを一番やめてほしいと思っていたのがロジャーズです。だからロジャーズはカウンセラーを育てるのに、体験学習が一番大事だと考えていました。

そんなわけで、ロジャーズ流にはケース別のパターンや、かっこいい技法などがありません。そういう意味で、ロジャーズ流はよくも悪くも地味です。

でも、地味で基礎を大事にするロジャーズ流は、ストイックな「極《きわみ》」を感じさせるかっこよさがあります。基礎を徹底的に磨き上げることによって、無限の応用が利く究極奥義になるのです。

こんな地味なロジャーズ流の傾聴がこれだけ世界に広まっていったのは、そういう無限の応用が利くからなのでしょう。

中越流・話の聴き方5つのポイント

そんなわけで、ロジャーズ流の傾聴を書くときに、僕はノウハウやテクニックを紹介するのは、なるべくやめようと決意しました。でも、一般の方には伝わりにくいかもしれない。では、どうすれば読者のみなさんにわかりやすく伝えることができるだろう。

そこで僕は、自分の体験をもって語ることにしました。自分が受けてよかったカウンセリングや、自分が学んできた中でこういうのがいいカウンセリングだと思った話を紹介することにしたのです。そういう小さな物語をいくつも読んでもらうことが、少しでも、カウンセリングの体験学習の代わりになると思ったからです。

最後に少しだけ、中越流の傾聴のポイントをお伝えします。でも、決してそのポイントに縛られることがないように、気をつけてもらえればと思います。

1 身近な人の日ごろの悩みを聴くとき

傾聴を学ぶと、家族や友人、同僚など、身近な人の話を聴いてあげたくなります。それによって、相手はストレス軽減になるし、その方との人間関係をよくすることにもなるでしょう。話を聴いてくれる人は、好かれるのです。

ただ、**日常的な相談事はあくまで、少し愚痴を聴くくらいにしておきましょう。**

実はカウンセリングの倫理規定では「多重関係」といって身近な人のカウンセリングを禁止しています。守秘義務の問題や利益誘導になる恐れがあるからです。

でも、理由はそれだけではありません。第1章の最後でもお伝えした通り、身近な人の話を傾聴するのは、超一流のプロであってもすごく難しいのです。
実際のカウンセリングでは、時間と場所と料金が決まっています。行政などの無料カウンセリングでも、時間と場所は決まっています。いつでも、どこでも、いくらでも相談事を聴くとなると、どんなカウンセラーだってつぶれてしまうからです。

でも、実はこれ、カウンセラーを守るだけでなく、相談者を守ることにもなっているんです。家族や同僚、友人との関係がいつでも、どこでも、いくらでも話を聴いてもらえて当たり前という一方的な間柄になると、相談者をこちらに依存させることになってしまいます。

どれだけ大切な家族や同僚、友人であっても、いつも愚痴ばかり聴かされていては、しんどくなってしまいます。最初はなんでもいい合える友人だったのが、いつしか愚痴をいう側、愚痴を聴く側という役割ができてしまいます。毎日同じ時間を過ごす家庭では、特にこういうことが起こりやすいです。長女が母親の愚痴聞き役で、長女がひとり立ちしてからも母親から愚痴の電話がかかってくる、なんていう話はよくあります。

こうなってしまうと、元の健全な関係に戻るのは大変です。だって、向こうからしたら「なんで今日は愚痴を聞いてくれないんだろう？」となってしまうから。悪ければ、「なんだか今日は不機嫌で、感じ悪いな〜」となってしまうことだってあります。

こちらはよかれと思って、多少の無理をして傾聴していても、向こうはそんなことにすら気づいていないこともあります。そういう場合、相手からすれば急に態度が変わったので、びっくりしてしまうのでしょう。

これはどちらにとってもマイナスです。だから、**家族や友人、同僚など、身近な人の日ごろの話を聴く場合は、ほどほどに**する必要があります。そのほどほどの目安は、**「自分がしんどくならない程度」**です。

傾聴を学びはじめてすぐのころは、「相手のために話を聴いてあげなければ！」と思うあまり、自分がしんどくなっていることに気づけないことがあります。それはつまり、自己一致ができていない状態。本当の意味で相手の話を聴いてあげるには、まずは「愚痴ばかり聴きすぎてしんどいな～」という自分の心の声を聴いてあげることが大事です。

しんどく感じる自分を否定する必要はありません。相談者のすべてを受容するように、まずは**自分自身のネガティブな感情もありのままに受け入れてあげて**くださいね。

日常的な愚痴ではなく、より深刻な話題を聴く場合は、２０９ページを参考にしてみてください。

2 相談者の気持ちがよくわからないとき

プロのカウンセラーでも、相談者の気持ちがよくわからないことがあります。共感が大事というものの、違う人間ですから、気持ちがわからないことがあって当然です。

そういうときは率直に、相談者にたずねてみるのもひとつの方法です。


たとえば、僕が恩師である畠瀬直子先生に相談していたときのこと。**「あなたの、そ**

の『僕なんかが』っていうのは、どこから来ているのかしら？」と質問されたことがありました。当時僕はカウンセラーとして経験を積み、複数の本を出して、講演も行っていました。そろそろ自信を持っていてもいいはずなのに、なぜ？　先生はそう思われたのかもしれません。

実は僕自身もよくわかっていませんでした。なぜだか僕はカウンセラーとして、「僕なんかが」と思ってしまっていたのです。

先生の言葉で、僕は自分の内側を探りはじめました。

「やっぱり、大学院を出て臨床心理士の資格を取ったわけではないっていうのも、あるかもしれません。う〜ん、でも、それは自分の中である程度乗り越えていて、今はそこまで気にしていないんです。あと、このカウンセリング業界の、何十年もやってやっと一人前っていう風習もあるかもしれません。

いやでも、それとも違って……。なんか僕、変なルートでカウンセラーになったんですよ。学生時代、勉強は苦手だったし、自慢できる特技とかもなくて。就職してもすぐに辞めて職を転々としたし……。

でも、自分の人生に悔いを残したくないと思って、努力して努力して、本当に努力して。大学院を出ても食べていけないっていわれるこの業界で、勉強も特技も何もない自分が無料カウンセリングからスタートして、ここまでやってきたんです。

だからこの、僕なんかがっていうのには、自分に自信がないっていう意味だけではなく、自分みたいに何もない人間が努力に努力を重ねてここまできた、そういう自分の誇りのような感じもあるんです」

「雨だれ石を穿つような努力ね。雨だれから落ちる小さな水滴でも、数を重ねることで石に穴を空けるっていう」

「ああ、そうそう。本当にそういう感じです。だから、僕は自分が努力してきたっていうことは、誇りに思えるんです。でも、昔の何もなかった自分から考えると、今のポジションがなんだか不思議というか、立派な人として扱われることに違和感みたいなのがあるんですよね。うん。それが『僕なんかが』っていう言葉だと思います」

カウンセラーだって、相手の気持ちをつかみかねることがあって当然。そういうときは、**「その気持ちって、どこから来ているのかしら？」**と素直な疑問を言葉に出してみること。こういう質問をオープンクエスチョンといいます。だから相手は、**オープンクエスチョンは、イエスやノーだけでは答えられない質問**です。**自分で自分の心に問いかけて、心を探索する必要があるん**です。

僕が気をつけているのは、「なんで？」という言葉を使わないこと。「なんで？」と質問されると、なんだか責められているような気持ちになるからです。

特に、悩みや問題を抱えているときはそうでしょう。

たとえば、

「なんであなたは自分に自信がないの？」

「なんであなたは学校に行かないの？」

「なんであなたは結婚しないの？」

こういう質問って、たずねる側にとっては純粋な疑問だとしても、相手からすると、責められているように感じて、答えに詰まってしまいます。

それにくらべて、「あなたの『僕なんかが』っていうのは、どこから来ているのかしら？」。これは本当にうまい表現だなと思います。

「あなたの自信のなさって、どこから来ているのかしら？」

「学校に行きたくない気持ちって、どこから来ているのかしら？」

「結婚したくない気持ちって、どこから来ているのかしら？」

こう質問されたら、全然気持ちが違います。いくらでも応用が利きそうですよね。

3 状況よりも感情を聴く

カウンセリングではほとんどの場合、相談者は状況の説明からはじめます。相談者としては、カウンセラーにしっかり状況を理解してほしくて当然です。

だから、僕たちカウンセラーは、まずはその状況を理解しようと耳を傾けます。話が複雑な場合は、認識が間違いないか確認するために、整理して伝え返したりします。

でも、必要以上に状況ばかりを聴いていては、肝心の相談者の心がつかめなくなります。たとえば、離婚してつらい思いをしている人もいれば、離婚したことで心機一転、新しい人生がはじまるぞと前向きになっている人もいます。親が死んで喪失感に打ちひしがれている人もいれば、やっと死んでくれたとホッとしている人もいます。子どもが巣立って胸にぽっかり穴が空いている人もいれば、自分の時間が持てるから新しいことを学びたいと意欲にあふれている人もいます。

同じ状況になっても、人の心の反応はさまざまです。むしろ、**同じ状況におかれてどういう感情になるかに、その人の個性、その人らしさが表れます。**

たとえば、はじめて僕が本を出したとき、まわりの人はすごいすごいとたくさん褒めてくれました。でも、僕自身はなんだか怖いような恐れ多いような気持ちで、実際に出版されるころにはゆううつな気持ちになっていました。

「昇進うつというのは、まさにこういう気持ちなんだ」と、まわりの人に説明したのですが、みんなおめでとうとニコニコするばかり。誰も心配してくれません。まわりからすれば、「また中越君は謙遜ばかりして……」と思っていたのでしょう。僕が本当にうつっぽくなっていることは、わかってくれなかったのです。

当時の僕の状況からいえば、「派遣社員をしながら無料でカウンセリングをはじめて、副業で3年。独立開業したらすぐに本の出版が決まった。なんとおめでたい！」、そうなるのは当然かもしれません。

でも、僕の心はこういっていました。

「つい数ヶ月前まで、僕は派遣社員だったんですよ！　何も取り柄がなくて、家族からも将来を心配されていたんです。それが急に本の出版が決まって、すごいすごいとはやし立てられて。でも、ぼくはその変化についていける気がしないんですよ。僕の気持ちはまだ子ども扱いされる中越君のままで、〝中越先生〟になる準備なんてまったくできてない、いや、なりたくないんですよ。今の僕には、そんなの背負いきれないんです！」

なんだか今書いていても筆が進みます。当時の気持ちが、今でも僕の中のどこかにあるのでしょう。

大事なのは、20代半ばで独立開業してすぐに本を出したという**状況ばかりを聴くので**

はなく、そのときにどういう感情になったのかに耳を傾けることです。

相談者の心には、ひとりでは解消できない感情があるはず。その感情に聴き手が光を当てて、気持ちに寄り添うことで、相談者の曇った心が晴れていくのです。

もし、相談者が状況ばかりを話していて、そのときにどういう感情だったのかがわからないのであれば、**「そのことについて、どのように感じますか？」**と、オープンクエスチョンをしてもいいでしょう。そうすれば、相談者も状況ではなく、自分の感情に焦点を合わせはじめます。

4 自分の意見を伝えるとき

傾聴を学びはじめると、「アドバイスをしないこと」と教え込まれます。

実際、ロジャーズの教え子であるトーマス・ゴードンは、**傾聴の障害物になるものとして、「助言を与える、提案する、解決策を提供する」**をあげています。これらを行うと、**相談者が聴き手の意見に左右され、自分の力で考えることが妨げられてしまうため**です。それだけではなく、相談者が聴き手のアドバイスがないと動けないような、依存的な関係になってしまうかもしれません。

また、安易にアドバイスをすると、「この人、何もわかっていないな。そんなありきたりなアドバイスで、解決するはずないでしょ」と、心が離れていく場合もあります。だから、相談者自身の中にある「こうしたらいいのかも」という考えが出てくるまで、丁寧に耳を傾け続けることが大事です。

それでも相談者から、アドバイスしてほしいといわれることもあります。そういうときは、**「一緒に考えていくことが大事だから、まずはその問題についてご自身ではどう考えていらっしゃるか、詳しく教えてもらっていいですか」**と伝えます。

アドバイスが欲しいという相談者は、自分と同じ考えを聴き手の口から聞きたいと思っています。だって、自分以外にも同じ考えの人がいたら、安心できるじゃないですか。

こういう気持ちには、多少の依存心や、相手をコントロールしようという気持ちも、含まれているのかもしれません。
ショッピングに行って、「こっちの服とあっちの服、どっちが似合うと思う？」と質問しながら、自分が似合うと思っているほうをいってほしいのと同じ心理です。

ただ、そこまで難しい話ではなく人間の自然な会話として、「中越さんはどう思いますか？」と質問されることもあります。相手はあくまで自然な会話の流れとして質問したのに、「ふふふ、自分で考えることが大事なんですよ」なんていわれたら、なんかイラッとしますよね（笑）。バカみたいな話ですが、傾聴を学びはじめたころは、これをやってしまいがちです。

実はカウンセラーへの不満で一番多いのは、「話を聴いてくれるだけで、何もいってくれなかった」なんです。アドバイスしちゃいけない、カウンセラーは意見をいっちゃいけない。そう思うあまり、当たり前の会話ができなくなるんですね。
そこで僕の場合、**意見やアドバイスを求められたとき、前述のように必ずセーフティーネットを張ってからいう**ようにしています。

「これはあくまで僕が感じたことで、僕の想像も混じっています。だから、違えば遠慮なく違うといってくださいね。そのほうが、カウンセリングがうまく進みますから」

「カウンセラーが意見をいうことで、相談者を誘導することになっちゃいけないので、聞き流す程度に聞いてくださいね」

そんなふうに伝えておけば、カウンセラーと相談者の意見が違っても、相談者は自分の意見をいいやすくなります。

傾聴では自分の意見をいってはいけない。聴き手はアドバイスしてはいけない。確かにそれは基本として大切なことなのですが、そこにとらわれすぎないようにしましょう。

5　あまりに深刻な問題を相談されたとき

ときに、深刻な相談を受けることもあると思います。そうした場合、なかには、聴いていてしんどくなってしまう方もいらっしゃいます。
それは話を聴く側のどこかに、「なんとか解決してあげねば！」「役に立たなくては！」という気負いがあるのも一因です。もちろん、それはやさしさから来る気持ちで、決して悪いことではありません。

でも、**傾聴ではあくまで、相談者が自分自身で頭を整理することが大事**です。聴く側に「役に立ちたい」という気負いがあるほど、相談者の気持ちに寄り添っていないアドバイスをしがちで、相談者の心は離れてしまいます。

また、深刻な相談になればなるほど、アドバイスなんてできないことがほとんどです。たとえば、大切な人が亡くなったとき、大きな事故や災害、病に見舞われたとき、死んでしまいたいほどつらいときです。こんな話を前にすると、カウンセラーでも、自分に不甲斐なさや無力感を感じるものです。

でも、そういうときこそ、ただ聴くことが大事なのです。

ロジャーズは、カウンセリングをうまく進めるための3条件として、受容、共感、自己一致をあげていたとお伝えしましたね。実は、ロジャーズは晩年になって、**第4の条件をつけ加えました。それはプレゼンス（presence）**です。

プレゼンスとは、存在するという意味。

わかりやすくいうと、**「悩み苦しんでいる相談者の側にいること」**です。

大きな事故や災害で大切な人を亡くした。大病を患って苦しみの中にいる。死んでしまいたいほど苦しんでいる。そういう人に対して、カウンセラーだろうと誰だろうと、何かをしてあげることなどできません。

それでも、**ただ側でじっと聴いてくれているというだけで、相談者にとっては心の支えになる**のです。

高校生のころの僕は、ゲームが大好きで、毎日、友人の古瀬君とゲームセンターに行っていました。当時のゲームセンターは、不良のたまり場でもありました。あるとき、僕が不良に目をつけられて裏道へ連れて行かれ、殴られるという事件がありました。

古瀬君は助けてくれたわけでもなく、仲裁に入ったわけでもありません。ただ、何もいわずに次の日からも毎日、僕と一緒にそのゲームセンターに行ってくれました。そのことが、どれだけ僕の心を救ったことか！

もし古瀬君に助けられていたら、僕はプライドが傷ついていたかもしれません。もし仲裁に入られて古瀬君まで不良に目をつけられたら、申し訳なくてたまらなくなっていたかもしれません。僕は何もしないでほしかったのです。古瀬君はなんとなく、それを察していたような気がします。それをしてしまったら、僕と古瀬君はそれまでの対等な友人関係を、保てなくなっていたでしょう。

何もいわずに、ただ毎日、一緒にゲームセンターに行ってくれる。僕の隣に古瀬君がいてくれるということが、何よりうれしかったのです。今でも古瀬君は僕の親友で、たまに家で一緒にゲームをします。あれからもう25年近く経とうとしていますが、ふたりとも一度も、あの事件について口にしたことはありません。

心の苦しみも、これと同じです。何かが解決するわけではない。話したところでどうなるわけでもない。でも、どうにもならない話を、「うん、うん」といって側で聴いてくれる人がいるというのは、本当にありがたいことです。


僕が昔プレゼンスについて教えてもらった話で、心に残っているものがあります。

「プレゼントの語源はプレゼンス。

だから、**ずっと側にいてあげるだけのことが、一番のプレゼントになる**んだよ」

後になって調べると、これには諸説あり、間違っているという話もあります。それでも僕は、「側にいてあげることが一番のプレゼント」、その言葉の通りだと思います。

本当につらくてしんどいとき。何もしてくれなくてもいい。なんなら、話を聴いてくれなくてもいい。ただ側にいてくれる。たったそれだけのことで、本当に支えられます。


あまりに深刻な相談をされたときは、何もできなくていいのです。

ただ、**その人の側にいてください**。直接会えないなら、メールやＬＩＮＥでもかまいません。**それがその人にとって、一番の支えになるはずです。**

カウンセリング実例

大統領より偉大なひと言

さて、ここまでに、傾聴の基本的な話にはじまり、多くのカウンセリング事例をご紹介し、僕のホープセラピー、生命的叡智の話などをお伝えしてきました。

最後に、実際にカウンセラーが傾聴しながら何を考えているのかがわかる、僕のカウンセリングの実例をご紹介したいと思います。ホープセラピーをどのように進めるのかも、具体的にわかっていただける内容です（相談者に許可をいただいて紹介させていただきます。なお、守秘義務、個人情報保護に必要な部分は改変しています）。

＊　＊　＊

真面目で誠実そうな女性。カウンセリングがはじまって、僕が相談者に抱いた第一印

象はそれでした。実際、話しはじめても、とても丁寧な語り口でした。

中越「Kさんは、カウンセリングを受けるのは、はじめてですかね?」

K「いいえ、あの、何度か受けたことがあります」

中越「それでは、注意事項などは大丈夫だとは思うのですが、簡単に説明させてもらってもいいですかね?」

K「はい」

中越「カウンセリングには守秘義務がありますので、今日お話しいただいたことをどこかで勝手に話すことはありませんので、安心してどんなことでも話してくださいね」

K「はい」

中越「こういうことは相談内容と関係ないかなとか、話すのはちょっと恥ずかしいなと思うことも、もしかしたらあるかもしれません。なるべく難しく考えずに、頭に思い浮かんだことをそのまま話してもらうほうが、うまくいくと思います」

K「はい」

中越　「それでは、相談内容を詳しく教えていただいてもいいですかね」

K　「はい。あの、中越さんはこれまで、働いている人のカウンセリングをしてこられたんですよね」

中越　「はい」

K　「あの、仕事についての悩みじゃないんで、こういうことを相談していいのかどうか迷ったんですけど、ＹｏｕＴｕｂｅを観させていただいて、それでちょっと、相談してみようかなと……」

中越　「ああ、そうなんですね！　どんな相談内容でも大丈夫ですから、安心してどんなことでも話してくださいね」

K　「ありがとうございます。あの、実は弟が交通事故で重い障害を持ちまして、長期間の入院や介護が必要になったんです。父はもうかなり高齢で、妹はだいぶ離れたところで暮らしているので、母と私のふたりでやらなきゃいけません。治療費も一ヶ月で相当な金額になるんです。そのことについて、母と話し合わなきゃいけないんですが、どうもちゃんと話せなくて……」

中越「お母様とお話ができないというと？」

Ｋ「母はまだ頭も身体も元気で、仕事もバリバリ現役でやっています。ただ、なんといいますか……。この話はほかのカウンセラーにも話したことがないのですが……（少し険しい表情）」

ほかのカウンセラーに話せなかった内容を話してくれる。それをうれしく思うと同時に、難しい相談が来るのかな、うまく対応できなかったらどうしよう。そんな不安が一瞬頭をよぎります。

中越「僕でよろしければ、ぜひお話を聴かせていただいてもよろしいですか？」

Ｋ「はい。中越さんのＹｏｕＴｕｂｅのカウンセリングのロールプレイを見て、この悩みを相談してみたいと思ったんです。あの、実は母とは同じ家で住んでいるのですが、もう15年、口をきいていないんです」

中越「15年……、ですか？」

K「ええ。別に毒親とか虐待されたとかじゃないんです。ただ、なんとなく馬が合わなくて、中学くらいからケンカばかりしていたというか……」

中越「お母様は毒親とかではないけれども、どうも馬が合わなくて、ずっとケンカをしておられたのですかね」

K「そうなんですよ。私が30歳くらいで今の仕事についてから、家に帰るのが遅くなって、母は早く寝ますからだんだん会わないようになって。ケンカするくらいなら、顔を合わせたくないというか……。こんな歳になって、イライラしてまで関わりたくないんですよ。それで気づいたら、なんとなくお互い避けるように、なるべく顔を合わさないようになって。それがもう15年ほど続いているんです」

中越「もう15年も続いておられるんですね」

K「自分でも、こんな歳にもなって、何をやっているんだろうと思うんです。お互いにいろいろ思うことはあるんですけど、私ももう40代半ばですから。毒親っていうわけでもないのに、いい歳をして何をやってるんだろうって……。こんな歳にもなって母親と口をきかないというのも、どうなのかなって……。

弟の介護は体力がいりますから。元気とはいえ70歳近くなる母の年齢を考えると、本当は私が率先して病院の手続きとかいろいろやらなきゃいけないんです。母は今も現役で仕事をしていて、父の介護もありますから。時間的にも全然余裕がなくて。まわりの親戚からも、長女の私がやったらと思われてるんじゃないかって。私もそのつもりだし、家族全員で協力しなきゃいけないときだと思うんです。でも、私がやろうとする前に母が全部やってしまうんです。それも、私への当てつけのように感じたりするんですよね……。そうすると私、弟の病室でも、ただ黙って座っているだけになってしまって。

親戚の集まりなんかでも、私がやるべきことを母が全部してしまって、親戚も『あの子もういい歳なのに』っていう目線で見てると思うんですよ。田舎なので、長女がやるべきっていう考えもあるんですね」

中越「田舎の目線というのもあるし。でも、やろうと思ってもお母様が全部やっちゃって、うん、立場がないというか……」

Ｋ　「そうなんですよ。田舎だからというのもありますけど、家族のことですから。私自身もやろうと思ってるんですね。これだけの緊急事態ですし、弟は元通りにはならないですから。母と私にはいろいろあったんですけど、ここは家族が話し合って協力しなきゃいけないと思うんです」

中越　「ああ、今の言葉は、何かすごく大事なお話を聴いた感じがします。ご家族で協力し合いたい。そのために話し合いたい。Ｋさんには、そういう気持ちがあるんですね」

Ｋ　「そうなんです。近くの喫茶店にでも呼んで、話し合わなきゃとは思ってるんです。でも、なかなか、ね。もう15年にもなりますから。私にも悪いところはあったかもしれないし。でも私だってまだ母に対して、いろいろ思う気持ちはあるというか……。
ただ、やっぱり弟がこういう事態ですから。年相応に、ちゃんと話し合えればと思うんですけど……。話し合うといっても、母が応じてくれるかどうか……。なんかちゃんと話し合える気がしないんですよね」

中越　「お互いに問題点はあったかもしれないけど、話をしない状況が15年も続いてしまったから、ちゃんと話し合えるか、不安なんですかね」

K「そうなんです。私がやるべきことを、母が当てつけのように全部やってしまうといったんですけど、まあ、母はテキパキ動くというか、病院の先生や看護師さんとの話もパッパッとできて。私がやらなきゃと思っているあいだに終わってしまうんですよね。
　親戚の集まりとかでも同じで、母がテキパキと全部やっちゃうんです。私はそういうときにすぐに動けなくて、病院の先生や親戚に挨拶しなきゃいけないときとか、すぐにパッと口が開くタイプじゃないんです」

中越「なるほど。お母さんはテキパキとパッと口が動くけど、Kさんはそういうタイプじゃないんですね」

K「そうなんですよ。母はパッパッとテキパキ動くけど、感情的なところも多くて。すぐにカッとなって、ケンカになるんですよね。私はそういうときにすぐにいい返せないので、口ゲンカになるといい負かされるんですよ。だからもう顔を合わせたくなくなったのかもしれません」

中越　「うん、お母さんはパッパッと動いて口もたつけれども、感情的になる。逆にKさんはこう……、物静かなタイプだから口ゲンカになるといい負かされて、だから黙ってしまうというか、顔を合わせないようになっていったんですかね」

Ｋ　「そういうところも、なんというか……こんないい歳になって、情けないと思うんです。自分の口で思っていることをいえばいいんですけど……」

中越　「自分の口で思っていることをいったほうがいい。そこも、ご自身ではわかっておられるんですね」

Ｋ　「はい……。うん……。（かなり長い沈黙。苦しそうにうつむく）なんか……、ひとつ自分で感じているのは、母に嫉妬している部分もあるのかなって……」

中越　「嫉妬？」

Ｋ　「あの……。母はすごくテキパキしていて仕事もできて。家のこともきっちりしているんです。もうすぐ70歳になるんですけど、まだ現役で、みんなが知ってるような大企業の役員なんです。その会社ではじめての女性管理職なんです。私はまあ、普通というか。地元の会社の、普通の会社員で」

中越「それは……。プレッシャーというか、荷が重いというか……」

K「……そう、なんですね。母は子どものころからなんでもできるんです。ずっと地元なので、成績とか部活とか、母と比べられて……。それにすごくコミュニケーションが得意なんですよ。世渡り上手なんですよね」

中越「ああ、お母様は世渡り上手」

K「そうなんです。でも、私はコミュニケーションがあまり得意ではないし、そのほかも……、昔はブラック企業に入って上司に怒られることが続いた時期もあって」

中越「ああ、それでなんか嫉妬というか、比べてしまうというか……」

K「そうなんです。母は母、私は私ってわかってはいるんです。でも、なんか苦手というかイライラするというか……。でも、私ももう40代半ばですから、いい歳して情けないんじゃないかなって」

中越「いい歳して情けない？」

この「いい歳して情けない」という言葉が、何度も出てきています。僕は、お母様に対してさまざまな感情を持ってしまうのも自然なことだと感じましたが、ご自身では「いい歳して情けない」という思いが、しこりのようにあるようです。なぜKさんがそのように感じるのか、もっと深く知りたいと思います。

K「ええ。毒親とかならともかく、この歳になって親と話をしていないなんて。いい大人が何をしているんだろうって……」

中越「ああ……」

K「別にすごく仲よしな母娘でなくてもいいとは思うんです。家族ですから、どこの家でもいろいろあると思います。でも、みんななんとか折り合いをつけているのに……。今は家族で協力しなきゃいけないときですから、もっと自分が大人になって、ちゃんと話し合おうっていえたら年相応なのかもしれませんが……。

私も母にいろいろいわれて、こちらだけが悪いわけじゃありませんから、私が謝る必要もないと思うんです。

ただ、こういう緊急事態だから、今だけは前向きに、弟のことを話し合おうよって。でも、またガーっていわれるんじゃないかなって。そういう母を前にすると、私は黙り込んでしまうんですよね……」

しばらく沈黙。

実は、ここまで僕はほぼ聴くだけで、もう45分ほど経っています。カウンセリング時間は残り15分。そろそろ僕も何か手を打たなければ、本当にただ聴いただけで終わってしまいます。ホープセラピーとしては、初回のカウンセリングでも、何かしら「希望」のかけらを持って帰ってもらいたいところです。

この状況で、みなさんならKさんに、どのようにアプローチされますか？

（もしよければ、少し本を閉じて考えてみてください）

大切なのは、Kさんにとっての「希望」がなんなのか、Kさんの言葉から探し当てることです。

僕が聴く限り、Kさんの話の中には、この事態を改善するための生命的叡智が示す「希望の芽」がしっかりと見て取れました。なので、ここまでKさんが話してくれたことの中から、僕が感じたKさんの中の「希望の芽」を伝え返してみました。

中越　「あの、少し感じたことをお話しさせていただいてもいいですかね？」

K　「あ、はい。もちろんです」

中越　「これは僕がお話を聴いていて感じたことなので、違っていたら違うと遠慮なくおっしゃってくださいね。そのほうがカウンセリングってうまく進みますから」

K　「はい」

中越　「ご家族、特にお母様のことですから、いろんな思いがあって当然だと思うんです。そんななかでもKさんは、お母様は感情的なところがありながらも、毒親ではない、と客観視できている。さらに、自分がお母様に嫉妬する気持ちを持っているかもしれないと、自分を見つめることもできている。

僕、自分の嫉妬する気持ちを認められるって、すごいことだと思うんです。だって、普通、それって自分では認めたくないことじゃないですか」

K　「ありがとうございます。そういっていただけると、少し楽になります」（ホッとしたのか少しうれしそうな顔になる）

中越　「それから、これは個人的な考えなんですけど、僕はちゃんと前向きに話し合おうっていえることは、年齢に関係なく人間としてもっとも偉大なことだと思うんです」

K　「いや、そうですかね……」（ちょっと苦笑い。さすがにそれはいいすぎだろうという雰囲気）

中越　「いや、僕は本当にそう思っているんです。だって、アメリカの大統領選挙を見ていても、罵り合ったり悪口をいい合ったりしているだけで、ちゃんとした話し合いはできていないじゃないですか。会社の会議もそうですよね。話し合っているようで、今でいう論破というか、口で相手をいい負かすことに気持ちが向いていたりします。

そこは僕たちカウンセラーも、実は同じなんです。プライベートでちゃんと話し合うことって、本当は人間にとってすごく難しいことなんです。

特に人間関係がこじれているときって、どうしてもお互いにゆずれない感情がありますから、落ち着いて冷静に話し合えません。

僕だって同じです。家族でもめても、苦手な相手になかなか話し合って解決しようとは自分からいえません。どうせ話し合ったところで、怖い顔でにらみつけられたら何もいえなくなってしまうと思ってしまって。

人間って、どれだけ歳を重ねて経験を積んでも、そんなものだと思うんです」

カウンセラーは、決して自分の話と相談者の話を混同してはいけません。

でも、ちょうど僕はこの2週間ほど前に、プライベートで非常に重たい話し合いの場がありました。僕は相手の雰囲気に気圧《けお》されて、ただただ黙りこくることしかできませんでした。そのこともあって、Kさんの前向きな、健全な話し合いの場を持ちたいという気持ちに、心からの尊敬の念を感じていました。

中越　「よく世の中では話し合えばいいというけれど、結局は声が大きいほう、威圧的なほうが勝ってしまいますよね。もう話し合うのもめんどうくさい、意味がないと思ってしまいます。

もし、Kさんがおっしゃっているような本当の意味での話し合いができれば、この世の中から夫婦ゲンカや会社での人間関係のトラブルなんてほとんどなくなるはずです。もし、大統領にそれができたら、戦争だってなくなると思うんです。

でも、この世の中のほとんどの人はちゃんと話し合いができません。だから、夫婦のあいだに入る離婚専門弁護士がたくさんいます。会社でも、人間関係のトラブルは絶えません。日本でもアメリカでも政治家は話し合いをしているというより、言葉で相手をやっつけ合っているだけですよね。

だから、今日のKさんがおっしゃったような本当の意味で話し合いというのは、人間にできる行動の中で、もっとも偉大で尊敬に値することだと思うんです。これって年齢に関係なく、本当にすごいことだと思います。だって、60歳、70歳、80歳になっても、みんな人間関係でもめているじゃないですか。

だからやっぱり僕は、本当に心からの話し合いをするっていうのは、人間にとってもっとも偉大な行動だと思うんです」

K　「ああ、そうですかね。確かに、そういうところはありますよね」（僕が本音でいっているのが伝わったのか、少し納得した様子）

中越　「それから、これも僕が感じたことなので、違っていたら遠慮なく違うといっていただきたいのですが、今日のお話を聴く限り、Kさんは家族が協力して問題に向き合うために、お母様と前向きな話し合いをすることが大事だとお考えなんですよね。

今はいろんな感情はおいておいて、ちゃんと前向きに話し合っていきたいって。そう思っておられるのかなと感じたんです。そのあたり、Kさんはどう感じますかね」

K　「はい。それはそうです。そうできればいいなと思っています」（まっすぐな目で、僕を見つめ返す）

中越　「もちろん、話し合った結果がどうなるかは、僕にもわかりません。15年も会話をしておられないということなので、家族とはいえ、いや、家族だからこそ、いろいろな気持ちを抱えるのは自然なことだと思います。

でも、それでもKさんのほうから、今は家族で協力し合うために、ちゃんと話し合いたいという気持ちを伝えることは、アメリカの大統領にもできないすごいことだと、僕は思うんです。それができれば、世界の戦争は起きていませんから。

だから、Kさんがそういう本当の意味での話し合いをしたいと思っていらっしゃることは、本当に人間として尊敬に値することだと、僕は本気で思います」

K「ふふふっ。ありがとうございます。そうですよね。そうかもしれません」（今まで苦しそうに話しておられたのが、頬が緩んで笑顔になる）

中越「もうひとつだけ、お話をしてもいいですかね？」

K「もちろんです。お願いします」

中越「お母様に嫉妬があるとおっしゃっていましたよね。でも、お母様のほうもKさんと正面から前向きに話し合おうとされたことは、ここ15年なかったんですよね」

K「それはそうですね。15年、会話をしていませんから」

中越「僕の言葉が誘導になってはいけないので、本当はカウンセラーってあまり自分の意見をいってはいけないんですけど、どれだけテキパキしていてコミュニケーションが得意だろうと、大企業ではじめての女性役員だろうと、弟さんのためにわだかまりを捨てて話し合おうよといえるKさんのほうがすごいというか……。

うーん、人間に上下をつけるのはよくないことだと思うんですけど、それをわかったうえで正直に僕が今感じていることを伝えると、話し合いをしたいという言葉をお母様に伝えることができれば、社会的な地位は別として、人間的にはお母様よりすごいというか。40代半ばとして年相応どころか、70歳を過ぎて女性初の会社役員をしておられることよりも、ずっと偉大なことなんじゃないかなと僕は思うんですけど、Kさんはどう感じますかね？」

K「ふふっ（笑）。そうですね。そういってもらえると、確かにそうだなと思います。私は別に出世したいとか、そういうタイプじゃないんですよね。……うん、やっぱり母と話し合わなきゃいけないですよね」

中越　「ああ、それはすごく素敵なことだと思います」

僕はこの「素敵ですね」といういい回しをよく使います。「偉いですね」「立派ですね」「すごいですね」という言葉は、人に上下をつけてしまいます。でも、**「素敵ですね」という言葉は、上下を感じさせないポジティブな言葉**です。

中越　「もうひとつだけ、質問させてもらってもいいですかね？」

ひとつだけ、といいながら、実は何度も質問をしています。これはドラマ『相棒』の杉下右京から学んだテクニックです。「ひとつだけ」と限定することで、こちらも話を切り出しやすいですし、相手に気負わせない雰囲気が出せます。何度繰り返しても、もう質問しないでくださいといわれたことは、今までの20年で一度もありません。

K　「はい。もちろんお願いします」

中越　「もし、お母様に話し合いをしたいと伝えるとしたら、最初のひと言って、どんな言葉になりますかね？　あの、お母様に面と向かって伝えにくいようであれば、手紙やメモでもいいと思うんですけど……」

K「そうですね……。（しばらく考え込み沈黙）やっぱり、弟のことで近所の喫茶店で話し合いたいと伝えると思います」

これは行動課題を、具体的にするための質問です。ここが具体的になっていないと、人間ってなかなか行動を起こせないものです。また、面と向かっては伝えにくいかと思い、それとなく手紙やメモという提案をしたのですが、こちらの予想を超えてちゃんと自分の口で伝えようとされています。さらに質問して、具体的にしていきます。

中越「もうひとつだけ質問をしたいのですが、それってどんなタイミングなら一番伝えやすそうですかね？」

K「ああ……、弟の病院なら、自然と母と顔を合わせることがありますから、そのときがいいかなと思います」

中越「うん。病院でお母様と一緒になったときに、近所の喫茶店で話し合いたいと伝える。ちゃんとご自身でやるべきことを明確にされましたね」

Ｋ「はい。今回のカウンセリングで、こういう結果になると思っていなかったので、驚いています」

中越「そうおっしゃっていただけると、僕もうれしいです。でも、Kさんに限らず、人間ってカウンセリングの場で決めたことでも、いざ日常生活に戻ってしまうと、ついつい先延ばしというか、やらないままになってしまうことも多いんですよね。

だから、人によっては何日までにやると期限を決めたほうがちゃんとやる人もいるし、逆に自分のペースでゆっくり進めるほうが自分に合っているとおっしゃる方もいらっしゃいます。Kさん自身は、どちらのタイプだと思いますか？」

この相談内容を考えると、腰が重くなって当然です。なので、もう少しだけ動機づけを強めることができればと、**期限をつける提案**をします。そしてそれが強制にならないように、**拒否しやすい言葉も添えます。**

K　「う〜ん、やっぱり期限を決めたほうがやると思います」

中越　「それでは、Kさんがお母様に話し合いをしたいと伝えるにあたって、どれくらいの期限だったら無理なくできそうですかね？」

K　「そうですね。あまり先延ばしをしてしまうとやらなくなってしまいそうなので……来週、家族で病院に集まるときに、弟のことについて喫茶店で話し合いたいといってみることにします」

中越　「また見事に、ご自身でやるべきことをちゃんと決められましたね。こういうところも、Kさんのすごくいいところだと思います」

K　「ありがとうございます」

中越　「ただ、決して脅すわけじゃないですけれど、15年も会話がなかっただけに、お母様にうまく伝えられないこともあるかもしれません。また、話し合った結果、うまく話がまとまらないことだって、あるかもしれません。

でも、どのような結果になっても、Kさんのほうからお母様に『健全に話し合いたい』というピュアな気持ちを伝えたことは、年相応以上どころか、アメリカの大統領にだってできないことだと思うんです。だから、もしうまくいかなかったとしても、それは今回僕とふたりで考えた作戦がよくなかっただけ。そのときはまた一緒に作戦を考えていけたらと思うんです」

行動課題や期限を決めるのはすごく重要です。でも、同時に強いプレッシャーを与えます。だから最後に、**そのプレッシャーを和らげる言葉がけが必要**です。

K　「そういってもらえると、少し気が楽になります」（ホッとした笑顔を見せる）

中越「なので、うまくいったらうまくいったと報告のメールをしてもらえるとうれしいです。もしうまくいかなくても、そのときはまた一緒に作戦を考えていきたいので、気軽にメールをしてもらってもいいですかね？」

報告メールをうまく活用することで、Kさんの**ちゃんと行動しようという気持ちを強めると同時に、うまくいかなかったときにもフォローができます**。何より、何かあったときにメールできるという環境が、**相談者に強い安心感を与えます**。

K「もちろんです。メールさせてもらっていいんですね。それはすごく助かります」（安心した様子）
中越「それでは、そろそろお時間になるのですが、ほかに何かこれだけは話しておきたいとか、これだけは質問しておきたいということはありますかね？」
K「いえ、大丈夫です。あの、お話しできてよかったです」
中越「そうおっしゃっていただけたら、僕もうれしいです。それでは、今日はありがとうございました〜」
K「はい。ありがとうございました」

＊　＊　＊

それからしばらくして、Kさんからメールが来ました。Kさんに許可をいただいて、そのメールを掲載しておきます。

✉ Kさんのメール

中越先生　こんにちは。

先日カウンセリングを受けたKです。その節はありがとうございました。
あの後、「来週日曜、弟のことで話したいことがあるので時間いい？」と勇気を振り絞って、ひと言だけ伝えました。

そして今日、病院の休憩室で「お互いいろいろと、いいたいことがあると思うけど……とにかく今まで不快な思いさせて悪かった。ごめん」といって頭を下げました。

すると、「それは何に対して謝っているの？」といわれたので「いや……たとえば無視したこととか」と返しました。

母「もっとほかに『あんたの顔なんか見たくない』とか『こっち見るんじゃねえよ！』とかいろいろいったよね？」
私「いや……そこまでひどいこといった覚えないけど、いったいいわないだとキリがないから不快にさせたことは謝るわ」
母「だったら謝ることないいんじゃない？　覚えてないいんでしょ？」

私もついカッとなりかけましたが、ぐっとこらえました。

私「覚えのないことまで謝れないけど、とにかく嫌な思いをさせたのは事実だからそれは謝るよ」と伝えました。すると、

母「だったら謝る必要ないいんじゃない？　それに今謝られても、すぐに、はいそうですか、という気持ちにはなれないから」との返答。

私「それはそうだよ。すぐにニコニコして許してくれなんて思っていないから……。ただ、弟と父の今後のこともあるから、その点、協力だけはしていこう」と伝えました。

母「それは協力するよ。でも、覚えがないんだったら謝る必要ないから」といわれて……それで話は決別して終わりました。

まあ、私としても顔がこわばっていて……それが伝わったのかもしれませんね。なんかモヤモヤしていますが、アメリカ大統領でもできないことは成し遂げた（笑）と……やることやって、その点はスッキリしました。何十年もいえなかったことでしたから。

中越先生には背中を押してもらって、本当に感謝の気持ちでいっぱいです。

またカウンセリングを受ける機会がありましたら、よろしくお願いいたします。

K

中越からの返信

Kさん　こんにちは。

カウンセラーの中越です。メールを読ませていただきました。

僕は本当にKさんができる限りのことをされたのだと感じました。

長い年月のことで、いったいいわないがあるのは仕方ないですよね。


でも、このメールを読ませていただく限り、Kさんは自分から話し合いをしたいと伝え、不快にさせたことを謝罪しておられます。

人間として、これ以上、できることがあるでしょうか？

本当に立派で尊敬できる行動を取られたなと感じました。どれだけ経験を積んだカウンセラーでもアメリカ大統領でも、実際の生活でこういう行動を取れる人はいません。


「私としても顔がこわばっていて」とありましたが、それは当然だと思います。

重い話し合いの場で、ましてや、攻撃的な態度を取られたらなおさらです。

それでもちゃんと大人として正しい態度を貫き、弟さん、お父様について協力するという形で話し合いが終わった。これが外交官だったら最高の仕事をされたのだと思います。これは大きな、本当に大きな成果だと思います。

Kさんが一歩踏み出されたお話を聴いて、僕も胸が温かくなりました。大げさに聞こえるかもしれませんが、本当に人類においてもっとも平和的で理性のある行動を取られたと思います。何かありましたら、またいつでもご連絡くださいね。中越

✉ Kさんからの返信

中越先生
お忙しい中、心のこもった返信をいただきありがとうございました。
今回、ハッピーエンドというわけには程遠い状況ですが、私なりに精いっぱいやれることはやったのでそれなりにスッキリしました。紙に書いた期限ぎりぎりまで葛藤がありましたが、中越先生との約束を守れたことが自分の誇りです。
行動することにはリスクが伴いますから……。母の感情をさらに混乱させてしまったか

もしれませんがそれはそれで仕方ないかなあ……と思います。

何よりあたたかいお言葉をいただき、中越先生には本当に感謝しかないです。

私事で恐縮ですが、感情的にどうしても解決できないことがありましたら、その際は、またよろしくお願いいたします。

K

このカウンセリングは、**「話し合いたいけど、話し合える状況じゃない」**という問題と、**「いい歳して情けない」**という劣等感、ふたつの問題がポイントです。

正直、どちらもパッと解決できるような、簡単な問題ではありません。

そこで、「前向きな話し合いは、アメリカ大統領にもできないこと。もめている状態で話し合おうと自分から切り出すことは、年相応どころか、人間としてもっとも偉大なことだと思う」という僕の正直な気持ちを伝えました。

それによって、話し合いに向けて一歩踏み出すと同時に、劣等感も払拭でき、ふたつの問題がそろって前進するというミラクルなカウンセリングになったと感じています。

でも正直にいって、「聴くだけでカウンセリングの時間がほとんどなくなっちゃった。ちゃんとした落としどころに持っていけるかな……」と不安でいっぱいでした。

前述した通り、初回のカウンセリングでも、何かが変わりそう、という希望を持ち帰ってもらうことが僕の目指す「ホープセラピー」だからです。

その状況でも、**僕自身が自己一致して、相談者にとってプラスに働く本音を伝える**ことで、なんとかうまくいきました。

これは僕が畠瀬直子先生から、「あなたみたいなカウンセラーがいてうれしいわ」といわれて劣等感を克服できたのと、本質的には同じだと思います。仮に相談者が劣等感を持っていたとしても、**聴き手が心の底から感じている相談者のポジティブな面に光を当てると、相談者の持つ劣等感はふわりと溶けていく**のです。

その後、Kさんとのメールのやりとりの中で、「あのときのカウンセリングに感動した」という言葉をいただきました。

でも、今回の本のために改めて資料を見直してみると、実はカウンセリングのほぼスタートの段階で、「母と話し合わなきゃいけない」という言葉がKさんから出ていました。それが何を意味するかというと、Kさんは僕のところに来る前から、話し合いたいという気持ちを持っていたのです。

それはつまり、「自分と母が話し合うことで、現状を変えられるかもしれない」という**希望をすでに持っていた**ことになります。そうでなければ、カウンセリングが開始してすぐにそんな言葉は出てきません。

ただ、カウンセリングの最初に使っていらした「母と話し合わなきゃいけない」という言葉は、重い荷物を背負ったようなプレッシャーを感じるものです。

でも、それを丁寧に聴いていくことで、「家族が協力するために母と話し合いたい」という、**Kさんの前向きな気持ちを感じさせる言葉**に変わっていきます。

これが、困難な状況でも前に向かって進んでいきたいという、Kさんの生命的叡智が見ていた希望です。Kさんの中のジャガイモの芽は、「家族で協力するために母と話し合いたい」という方向に伸びようとしていたのです。

そう考えると、僕はあくまで、**Kさんの中にあった生命的叡智の希望を言語化するサポートをしただけ**にすぎません。

どれだけすごいカウンセラーでも、Kさんの中に「家族で協力するために母と話し合いたい」という気持ちがなければ、絶対にうまくいきません。お話を聴いていて、Kさんの中にこの気持ちがあることが感じられたので、僕も正面から自分の感じていることを伝えても、きっとちゃんと受け取ってもらえると思えたのです。

このカウンセリングによって、お母様との関係性が劇的にすべて改善したわけではありません。現実的には、それほど状況は変わっていないかもしれません。でも、Kさんは正しいと思う行動を、自分の力で起こすことができました。

それができれば、あとはお母様側の問題です。少なくともKさんは「いい歳をして情けない」という劣等感から、「大統領にもできないことをした」という誇りを持つことができています。これが**心理的な成長であり、自分の力で自分の人生を変えるということです。**Kさんは見事にアメリカ大統領を、乗り越えていかれたと思います。

Kさん、事例の紹介を承諾していただき、本当にありがとうございます!!

実例から見るワンポイントアドバイス

◎行動課題の考え方

行動課題として「話し合う」ではなく、**「話し合いをしたいと伝える」**としたのはとても大事なポイントです。「話し合う」のは、お母様が拒否したら成立しません。**結果をKさん自身でコントロールできないため、行動課題としてあまりよくありません。**

「話し合いをしたいと伝える」というのはKさんだけで完結できることですよね。ここは地味だけれど大事なところです。

◎傾聴するときは「裁きの目」を持たない

このカウンセリングで一番うまくいかないのは、「母か娘、あるいはその両方に問題がある」と考えてカウンセリングを進めてしまうパターンです。

そこには「誰かが問題を持っている」という裁きの目があります。

Kさん自身、お母様に対して複雑な感情はあるものの、完全な悪人としてとらえているわけではありません。**聴き手が裁きの目を持っていると、どうしても「誰が悪いのか？」という方向に話が向かってしまいます。**

もしこの話の中で、「お母様はひどい人ですね」と僕がいえば、Kさんのお母様への敵対心が増したでしょう。反対に、「Kさんにも問題がありますよね」といえば、Kさんとの信頼関係が築けません。そして、「どちらにも直すべきところがありますね」という言葉がけは、正しく聞こえるために日常的な人生相談でやりがちですが、相談者側としては到底、納得のいくものではありません。

そうではなく、**「この相談者はこの大変な状況の中で、どんな方向に成長していきた**

いんだろう？」という気持ちで話を聴いていくことが大事です。

そうすると自然と、問題解決に向けて話が展開していきます。

大切なのは、相談者が自分なりに「よい方向に向かって、自分で一歩踏み出せた」と思えることです。そうすれば「この人に相談してよかった」と満足してもらいつつ、新しい変化を生み出していくことができます。

＊ ＊ ＊

傾聴は、本当に難しいものです。

つい自分の意見を挟みたくなったり、相談者の考えに違和感を覚えて気になってしまったり。反対に、一緒に気持ちが落ち込んでしまうこともあるかもしれません。「相手に寄り添いながら、自分の軸を失わない」ことの難しさが常にあります。

自分の聴き方に悩んだときはぜひ、生命的叡智の存在を思い出し、本書に掲載したカウンセリング事例の数々を繰り返し読んでいただいて、**ご自身の「傾聴するこころ」をさらに大きく育てていただきたい**と思います。

おわりに

～希望は絶望とともに存在する～

希望というのは、とても不思議な言葉です。
なぜなら、悩み、迷い、大きな困難や壁にぶつかっているときにしか、希望という言葉は使わないからです。もっと平たくいうと、ピンチのときにしか希望という言葉は使いません。

たとえば、サッカー日本代表。初戦の試合開始時から「希望」という言葉は使いません。決勝進出がかかった最終戦、「1対0」で負けていて、試合時間残り10分というときになってはじめて、「日本代表、足が止まっていない！　まだ選手は希望を捨てていない！」と、「希望」という言葉が出てきます。

つまり、**希望とは、絶望とともにしか存在し得ない**のです。

みなさんに覚えておいていただきたいのは、人がどれだけ深く絶望したときでも、希望はその身体の中に眠っているということ。そして重要なのは、絶望の底でいかにしてその「希望の芽」を見つけるか、ということです。

日本代表の選手たちは、後半残り10分で逆転した過去の試合を頭に思い浮かべて、希望を見失わないようにしているのでしょう。希望を失ったら、そこで負けなのです。

僕たちが**絶望の底でどのように希望の芽を見つけるか、その答えが「傾聴」**です。

ぜひ、あなたが一緒になって、相談者の持つ希望の芽を見つけていただきたいと思います。

傾聴は、特にビジネスシーンでは、「相手を思いのままに操る術」のようにとらえられていることがあります。それは、ロジャーズが志した傾聴とはまったくの別物です。**その人にとって最良の人生を一緒に見つけていくのが、本来の傾聴**なのです。

僕は今、カウンセリング講座を運営しています。僕のところには、「悩んでいる人と深く温かい人間関係を築けるカウンセラーになりたい」そういう思いで来られる方がたくさんいます。

ぼくはそこに、希望を見ます。

ロジャーズ流の本来の精神がこれからの日本で広く行きわたること。そして、僕がこの本で記した、希望に光を当てる傾聴「ホープセラピー」が浸透し、人々がお互いに話を聴き合うことで、世の中全体が希望にあふれたものになることを願っています。

ぜひ、本書の「傾聴」を活かして、素敵な人間関係を築き、あなたの人生をより豊かなものにしていただけたら幸いです。

中越裕史

感謝の言葉

まずは編集者の大友様。何度もカウンセリングについて一緒に考えてくださいました。関連書まで調べていただき、よりよい本にするために本当に一生懸命考えてくださいました。今までたくさん本を書いてきましたが、こんなに丁寧に本を作っていただけたのははじめてです。ありがとうございます。

そして、大越様。コロナ禍で僕のカウンセリングルームが経営難になり、もう心が折れかけているときに叱咤激励していただきました。ロジャーズさんの名をアドラーのように一般の人に広めたほうがいいという言葉にも、大変勇気づけられました。ありがとうございます。

それから、畠瀬直子先生。僕は40代半ばになった今でさえ、仕事でもプライベートでも心配ばかりかけています。なんとも頼りにならない教え子です。でも、先生のおかげで、カウンセラーとして一人前になれた気がしています。この本は、先生に一番に読んでいただきたいです。

それから畠瀬直子先生の主宰する関西人間関係研究センター（KNC）で、一緒に学ばせていただいたみなさま。僕が知らないことをいつもやさしく教えてくださった山崎さん、公認心理師の受験を迷っていた僕の背中を押してくださった横山さん、内臓と心理について関連書を教えてくださった本多さん、ロールプレイに貴重なご意見をくださった田中さん、松井さん、児玉先生。先生やみなさんと学ぶ日々がなければ、僕はこの本を書くことはできませんでした。

そして、日本メンタルヘルス協会をすすめてくれ、社会人になってからもう一度心理学を学ぶきっかけをくれた母。あのときもう一度心理学を学びはじめたことで、満足の行く人生を送ることができています。この道に進んだことを、僕はたったの一度も後悔したことがありません。ありがとうございます。

さらに、コロナ禍でカウンセリングルームを廃業しかけた僕を励ましてくれたうちの受講生さんや友人、僕のメールマガジン・LINEの読者様。みなさんのおかげで僕はあきらめずにカウンセリングを続け、この本を書くことができました。

いつも一緒に学んでいる中越カウンセリング講座の受講生たち。みなさんが成長していく姿を見ることが、この本を書く原動力になりました。本当にありがとうございます。

どの方にも、言葉では伝えきれないほど感謝しています。

本格的にカウンセリングを学びたい方へ

これからカウンセリングを学ぼうとお考えの方、
もう一度カウンセリングを学び直したいと思っておられる方。
ぜひ僕と一緒に、
カウンセラーが当たり前に食べていける
世の中を作っていきましょう。
どなたでも楽しみながら
実践的なカウンセリングが学べる講座を
開催しております。

参考文献

- 『人間尊重の心理学』カール・ロジャーズ 著　畠瀬直子 訳（創元社）1984.12
- 『〈森・黒沢のワークショップで学ぶ〉
  解決志向ブリーフセラピー』森俊夫、黒沢幸子 著（ほんの森出版）2002.04
- 『完全自殺マニュアル』鶴見済 著（太田出版）1993.7
- 『夜と霧』ヴィクトール・E・フランクル 著　池田香代子 訳（みすず書房）2002.11
- 『「深い関係性」がなぜ人を癒すのか』
  デイブ・メアンズ、ミック・クーパー 著　中田行重、斧原藍 訳（創元社）2021.09
- 『ダンゴムシに心はあるのか』森山徹 著（PHP研究所）2011.3
- 『内臓が生みだす心』西原克成 著（NHK出版）2002.08
- 『胎児の世界』三木成夫 著（中央公論新社）1983.05
- 『サバイバルする皮膚』傳田光洋 著（河出書房新社）2021.05
- 『第三の脳』傳田光洋 著（朝日出版社）2007.07
- 『皮膚はすごい』傳田光洋 著（岩波書店）2019.06
- 『植物は〈知性〉をもっている』ステファノ・マンクーゾ、アレッサンドラ・ヴィオラ 著
  マイケル・ポーラン 序文　久保耕司 訳（NHK出版）2015.11
- 『いのちの科学の最前線』チーム・パスカル 著（朝日新聞出版）2022.06

希望に関する文献

- 『解決の物語』インスー・キム・バーグ、イボンヌ・ドラン 著　長谷川啓三 訳（金剛出版）2003.10
- 『希望の心理学』都筑学 著（ミネルヴァ書房）2004.10
- 『Humankind 希望の歴史 上・下』ルトガー・ブレグマン 著　野中香方子 訳（文藝春秋）2021.07
- 『希望学』玄田有史 編著（中央公論新社）2006.4
- 『〈希望〉の心理学』白井利明 著（講談社）2001.11
- 『希望の革命〈改訂版〉』エーリッヒ・フロム 著　作田啓一、佐野哲郎 訳（紀伊國屋書店）1970.9
- 『希望の心理学』ポール・ワツラウィック 著　長谷川啓三 訳（法政大学出版局）1987.3

- 渡辺弘純「希望の心理学について再考する」
  『愛媛大学教育学部紀要』第52巻 第1号 p.41-50 2005
- 城詩音里「心理臨床における『希望』概念に関する一考察」
  『お茶の水女子大学心理臨床相談センター紀要』第20号 p.67-73 2019
- 田中健太郎「書評 C.R.シュナイダー 編『希望理論ハンドブック　理論・手法・応用』」
  『千葉大学人文公共学研究論集』第37号 p.86-93 2018
- 猿舘眞弥「希望の獲得に関する研究」『TA実践研究』1巻 p.43-53 2011

中越裕史（なかごし ひろし）

公認心理師、中越オンラインカウンセリング講座代表。
大学卒業後、会社勤めを経て猛勉強の末カウンセラーになる。2005年より「天職探し心理学ハッピーキャリア」を運営。一般社団法人日本産業カウンセラー協会認定産業カウンセラー。日本メンタルヘルス協会公認心理カウンセラー。約20年間の活動で、1万件以上の相談を受ける。現在は後進を育てるべく、中越オンラインカウンセリング講座を主宰。著書に『「天職」がわかる心理学』『日本一やさしい天職の見つけ方』（共にPHP研究所）など多数。

カバーイラスト　安藤うり
ブックデザイン　小口翔平＋嵩あかり＋神田つぐみ（tobufune）
校正　株式会社円水社
編集協力　大越 裕
編集　大友 恵

「カウンセリングの神様」カール・ロジャーズの教えと
〈これからの聴き方〉
傾聴の極意

発行日　2025年3月25日　初版第1刷発行

著者　中越裕史
発行者　岸 達朗
発行　株式会社世界文化社
〒102-8187
東京都千代田区九段北4-2-29
電話　03-3262-6632（編集部）
03-3262-5115（販売部）
製本・印刷　中央精版印刷株式会社

ISBN978-4-418-25400-2